文系のための
めっちゃやさしい

筋肉

JN084770

監修
佐々木一茂
東京大学大学院准教授

はじめに

　筋肉は生物にとっての動力源であり，自動車のエンジンによく例えられます。 しかし，自動車のエンジンは走ることにしか使われないのに対し，私たちの筋肉は歩くこと，立つこと，物をもつこと，会話をすることなど，日々さまざまな目的で使われています。生きていくために必須な食事をとる，呼吸をするといった行為も，やはり筋肉のはたらきによるものです。

　また，筋肉は身体の中に最も豊富に存在する組織でもあります。個人差はありますが，**体重のおよそ40％を筋肉が占めています。** 身体を動かす筋肉（骨格筋）とは少し構造や性質が異なるものの，心臓，血管，消化管などにも筋肉がたくさんあります。

　身体を動かすことだけを考えれば，これほどの量は必要ない気もしますが，なぜ私たちの身体にはこんなにもたくさんの筋肉があるのでしょうか。むずかしい問いですが，近年の研究からそのヒントが見つかってきました。**どうやら筋肉には，ほかの組織や臓器とエネルギーや情報のやりとりをすることで，全身の健康状態をコントロールする役割があるようなのです。つまり，年をとって筋肉量が減ってくることは，単に運動能力を低下させるだけでなく，身体や心に不調をきたす直接の原因になりうるのです。** スポーツ選手でなくても筋肉を大切にするべき理由が，少しおわかりいただけたでしょうか。

　本書では，上述した筋肉と健康とのかかわりなど理論的なことから，筋肉の鍛え方など実践的なことまでが丁寧に解説されています。私たちの「生涯の友」である筋肉についてよく知り，日々の健康づくりに役立てていただければ幸いです。

監修
東京大学大学院総合文化研究科准教授
佐々木 一茂

目次

1 時間目　体を動かす筋肉

STEP 1
筋肉ってすごい！

健康の鍵を握るのは筋肉！...14

筋肉の種類は大きく分けて三つ 17

体重よりも筋肉の割合が大事 20

筋肉は第二の心臓とよばれている！...22

STEP 2
体を動かすいろいろな筋肉

全身には600以上の筋肉がある！...26

上半身の筋肉...28

分厚い胸板「大胸筋」...33

シックスパック「腹直筋」...36

脇腹の筋肉は三層構造 39

下半身の筋肉...43

最大の筋肉「大腿四頭筋」.......................................47

ユニークな名前の筋肉「ハムストリング」.........................50

単独では人体最大！お尻の筋肉「大殿筋」.........................53

ふくらはぎの筋肉は力が強い.....................................55

顔～首の筋肉...58

笑ったり泣いたり「顔面表情筋」.................................59

実は側頭部にまで広がっている「咀嚼筋」.........................62

頭を支え，首を前後に動かし，物を飲み込む首の筋肉 65

上腕・前腕・手指の筋肉...70

上腕を代表する筋肉　上腕二頭筋と上腕三頭筋.....................72

筋肉の動きはフクザツ①　ひじの屈伸.............................74

アタックナンバーワン！　前腕の筋肉.............................76

筋肉の動きはフクザツ②　手首をひねる?..........................79

体が動くのは，筋肉が関節を動かすから...........................81

STEP 3

筋肉がはたらくしくみ

筋肉は，縮むことによって力を発揮する...........................86

筋肉は，「筋線維」でできている！...............................88

性質がちがう2種類の筋線維 96

筋線維の数は胎児期に決まる 98

筋線維は傷つくことで成長する 100

筋肉の中には感覚器がある！.......................... 103

筋線維は筋肉の成長を抑える物質を分泌している!? 105

筋肉を動かすエネルギーの源「ATP」.......................... 108

エネルギーの生産工場「ミトコンドリア」.......................... 113

ミトコンドリアで「ATP」を合成！.......................... 116

ミトコンドリアで決まる「持久力」と「耐久力」 120

偉人伝① 筋肉収縮のメカニズムを発見,

　　　　アルベルト・フォン・セント＝ジェルジ 124

2 時間目 筋肉を鍛えよう

STEP 1

筋肉と健康との深〜い関係

筋肉のタイプが血糖値に関係している！.......................... 128

加齢とともに筋肉が減っていく「サルコペニア」.......................... 133

筋肉の鍛錬は脳にも関係する！.......................... 137

筋肉はさまざまなホルモンを分泌している！............................ 138

偉人伝② 筋収縮の数理モデルを確立,

　　　　アンドリュー・フィールディング・ハクスリー 140

STEP 2

筋トレのススメ

筋トレの役割とは?... 142

はじめは無理なく，コツコツ続けることが大事！.................. 145

筋肉が太くなるしくみ 150

筋肉を増やすには速筋線維を使うことが鍵！..................... 153

筋トレ効果は人によってさまざま 159

STEP 3

筋トレをやってみよう！ 実践編

脚をおとろえさせない筋トレ 162

　スクワット.. 163

　ハムストリングヒップリフト................................ 164

　片脚カーフレイズ 165

一番おとろえやすい腰回りの筋トレ 166

　ブルガリアンスクワット 168

　　ニーレイズ 169

ぽっこりお腹に効く！ 170

　　シットアップ 172

　　クランチ 173

　　ロシアンツイスト 174

50代からおとろえる上半身の筋トレ 175

　　プッシュアップ 176

　　ショルダープレス 178

　　サイドレイズ 179

背中を鍛えて姿勢維持 180

　　プルアップ 182

　　インバーテッドローイング 183

上腕の筋肉を「バランスよく」鍛える！ 184

　　リバースプッシュアップ 186

　　アームカール 187

高齢者におすすめ「スロトレ」 188

　　イスを使ったスクワット 191

　　イスを使わないスクワット 192

3 時間目 筋肉をケアしよう

STEP 1

筋肉のいろいろなトラブル

筋肉痛はなぜおこる? 196

筋肉痛は予防できる!? 202

筋肉のケガ「肉離れ」とは 203

「肩こり」のメカニズム 207

「スマホ首」に気をつけて! 213

STEP 2

ストレッチのススメ

関節の動く範囲は神経が決めている!? 218

効果を理解してストレッチしよう 223

体のやわらかさは健康とも関係する 228

「動的ストレッチ」と「静的ストレッチ」を使い分けよう 229

いろいろなストレッチ 236

関節の可動域をアップ！ 足腰まわりのストレッチ 237

　大殿筋のストレッチ 237

　腸腰筋のストレッチ 238

　ハムストリングのストレッチ 239

　大腿四頭筋のストレッチ 240

　腓腹筋のストレッチ 241

こわばりやすい首・肩・背中をほぐすストレッチ 242

　腹直筋のストレッチ 242

　首周辺の筋肉群のストレッチ 243

　僧帽筋上・中・下部のストレッチ 244

　肩甲骨周辺の筋肉群のストレッチ 245

　内・外腹斜筋のストレッチ 246

　脊柱起立筋のストレッチ 247

　三角筋前部のストレッチ 248

　ローテーターカフ（外旋筋）のストレッチ 249

　ローテーターカフ（内旋筋）のストレッチ 250

　上腕三頭筋のストレッチ 251

STEP 3

筋肉と栄養

筋肉の材料は「タンパク質」 252

タンパク質のとりすぎもよくない 255

食事の間隔はあけすぎないで 257

筋力低下を抑えるには「ビタミン・ミネラル」！........................ 260

トレーニング後の食事 261

魚介類に多く含まれる栄養成分 264

極端な糖質制限はNG 266

サプリメントの使い方.. 268

4時間目 アスリートの筋肉

STEP 1
驚異の筋肉遺伝子

短距離は西アフリカが強い!? 274

持久力と瞬発力に影響する「ACE遺伝子」 278

競技力に影響する「ACTN3遺伝子」 281

ミトコンドリアも遺伝子に左右される!? 283

筋肉の"質"と競技種目には適した組み合わせがある.............. 286

一流スプリンターの筋肉はどこがちがう? 287

とうじょうじんぶつ

佐々木一茂先生
東京大学で運動生理学を
教えている先生

理系アレルギーの
文系サラリーマン（27才）

1

時 間 目

体を動かす筋肉

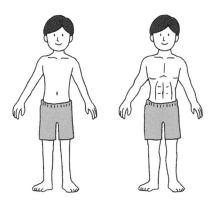

筋肉ってすごい！

筋肉は体を動かす器官です。しかし，実は筋肉が健全にはたらいているかどうかが，私たちの健康に大きくかかわっているのです。筋肉とはどのような器官なのでしょうか？

健康の鍵を握るのは筋肉！

 イタタタ……。ちょっと動くたびにあちこち痛くて痛くて。私今，体中ひどい筋肉痛なんです。

 どうしました？

 週末，数年ぶりに野球をやったんです。会社の草野球チームの試合があって，人数がそろわないというんで上司に駆りだされて……。バッティングはいいんですけど，問題は守備ですよ。体がついていかなかったですね。私，高校まで野球をやっていたんですよ。

 勘はもどっても，体が動かなかったんですね。

全然ダメでしたね。体重もだいぶ増えたし……。
中1日おいて，このひどい筋肉痛ですよ。
高校時代はこんなじゃなかったのになあ。トホホ。

 ハハハ！　普段から運動をしていればまだしも，いきなりだったのでしょう？　それに経験がおありだから，無理にでも動こうとして，日常生活ではなまっている筋肉まで総動員したんでしょうね。
でも，筋肉痛ですんでよかったんですよ。**肉離れ**などをおこしてもおかしくなかったんですから。

 そうですね。これからは注意しないといけませんね。

 はい。**年齢を重ねるにつれて，筋肉は，自分が思っているよりも急速におとろえていくものなんですよ。**

 そうなんですか？

 ええ。若いころにしっかりと鍛えた貯金があるから，というのは通用しません。
何もしなければ日々，おとろえていくのが筋肉なのです！

 ガーン！　本当ですか。

 本当ですよ。でも安心してください。
筋肉は，年齢に応じた対処をすれば，年をとっても鍛えることができるものでもあるんです。

 よかった〜！

私たちが手足を自由に動かすことができるのは，筋肉がはたらいているからにほかなりません。そのため，筋肉がおとろえると，日常生活にも支障が出てきます。さらに，それだけではありません。

近年の研究によって，筋肉は単に体を動かすだけではなく，全身の健康維持にかかわっていることが明らかになってきたのです。

体を動かすだけじゃないんですか!?

そうなんです。
筋肉を鍛えるということは，スポーツのパフォーマンスを上げるとか，プロポーションを維持するための特別な行為ではなく，健康を保つために不可欠なものなのですよ。**ズバリ，私たちの一生は，筋肉がつくるといっても過言ではないのです！**

筋肉が人生を!? イタタッ……。

これは，筋肉痛になってる場合ではないですね。もっと筋肉のことを知らなくては！
先生，筋肉について教えてください！

いいでしょう。
そのひどい筋肉痛のメカニズムについてもくわしくお話ししますよ。まずは筋肉の基本から，順番にお話ししていきましょうか。

よろしくお願いします！

筋肉の種類は大きく分けて三つ

「筋肉」と一口にいいますが，実際は骨格筋，心筋，平滑筋の３種類に分けられます。

そうなんですね。知りませんでした。

まず「骨格筋」は，その名の通り骨を動かす筋肉です。二つの骨にまたがってくっついていて，関節を軸にして，骨格を上下左右に動かしたり，回転させたりすることで，体の動きをつくりだします。成人男性の場合，骨格筋は体重の約40％を占めていて，一般的に「筋肉」といえば，この骨格筋をさしていると考えてよいでしょう。

この本でも，とくにことわりのないかぎり，筋肉＝骨格筋と考えることにします。

へええ～。運動できるのは骨格筋のおかげなんですね。

そうなんですよ。

骨格筋は運動神経が支配しています。大脳皮質からの命令によって，意識的に収縮させることができるので，随意筋とよばれます。

骨格筋は，自分の意思で動きをコントロールできるんですね。

そうです。一方，「心筋」は心臓の壁をつくっている筋肉です，心筋が収縮・弛緩することで全身に血液を送ります。

17

「平滑筋」は，消化管，膀胱，子宮などの内臓や血管の壁をつくっている筋肉です。血圧の変動は，心筋や血管の平滑筋が収縮したり弛緩したりすることによって調整されているんですよ。

そうか，「運動」には，内臓の動きなどもすべて含まれるのですね。

そうです。心筋や平滑筋は止まってしまうと命に関わるので，疲労耐性が強い，持久力に富んだ性質をもっているんですよ。

そういえば，焼き肉でも，ハツやミノはほかの部位とは食感がちがうような……。

ハハハ！　たしかにそうですね。
心筋と平滑筋は自律神経が支配していて，自分の意思で動かすことはできないため，不随意筋とよばれています。

なるほど。内臓の動きは自分の意思でコントロールできませんからね。

筋肉は大きく分けて3種類

骨格筋

骨にくっついていて，私たちの体の動きをつくりだす

心筋

心臓を拍動させる

平滑筋

血管や内臓を動かす。消化管では，消化したものを筋収縮によって運ぶ

体重よりも筋肉の割合が大事

さて、ここで筋肉と体重の関係について、少しお話ししましょう。私たちは健康について考えるとき、体重を基準に考えることが多いと思います。

そうですね。体重計にはとりあえず毎日乗っていますね。

そうですよね。でも実は、体重の値だけに注目するのは賢明なことではないんです。
なぜなら、**同じ身長、同じ体重であっても、筋肉の割合が高い場合もあれば、体脂肪の割合が高い場合もあるらです。**

割合、ですか。

はい。
たとえば、体重はいたって標準的なのに、筋肉の割合が低くて、脂肪組織が占める割合（体脂肪率）が高い場合があります。
この状態は隠れ肥満といい、さまざまな病気のリスクをともなうことがわかっています。

とくに太ってないのに実は肥満だなんてこわいですね。

脂肪は多すぎなければ体に悪いものではありません。しかし、内臓のまわりに脂肪が多くたまっていると、糖尿病や高血圧になりやすいことがわかっています。

そうか〜。太ったとかやせたとか，単純なことではないんですね。

そうなんです。隠れ肥満がこわいのは，体重ではわからないということなのです。さらに，見た目にも，筋肉の割合が大きく影響します。**一般的に，同じ体積で比較すると，筋肉は脂肪組織のおよそ1.2倍の重さがあるといわれます。**

筋肉のほうが重いんですね！

そうなんです。これは逆にいえば，同じ重さで比較した場合，脂肪組織は筋肉のおよそ1.2倍の体積になるということです。ですから，筋肉の割合が多い体のほうが，引き締まった印象になります。

なるほど！ 筋肉の割合によって同じ体重でも見た目が変わってくるわけか……。

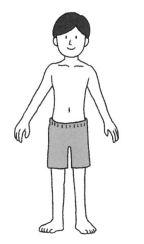

21

筋肉は第二の心臓とよばれている！

 次に，筋肉の重要な**機能**についてお話ししましょう。

 筋肉は，健康を保つために不可欠ということでしたね。「筋肉が一生をつくる」って……。

 そうなんです。これはかなり重要な機能です。実は筋肉は，**第二の心臓**といわれているんですよ。

 第二の心臓⁉

 そうなんです。筋肉に力を入れると，筋肉の中の内圧が上がります。すると，筋肉内の静脈が圧迫されて押しつぶされ，中にあった血液が絞りだされます。一方，筋肉がゆるむと，静脈は弾力によってまた広がり，そこに血液が流れ込みます。静脈には弁があるので，心臓にもどる方向にのみ，血液は流れていきます。このように，**筋肉が収縮と弛緩をくりかえすことによって，静脈の血液を心臓にもどす，ポンプのはたらきをしているのです。**

そんなはたらきがあったなんて！

そうなんです。心臓から全身に向かう動脈血は心臓のポンプの圧力で流れていますが，全身からもどってくる静脈血にはその圧力がほとんど作用しないので，筋肉のポンプを使って流す必要があるんです。

まさに第二の心臓ですね！

そうなんです。**筋肉がしっかり動いているということはすなわち，体全体に血液が循環できている，ということでもあるんです。**
ですから，筋肉を動かさないでいると，血行不良をおこしてしまいます。たとえば，同じ姿勢でずっと座って足の筋肉を動かさないでいると，血液が循環せずに足にとどまり，静脈の中で血液が固まって血栓（血の塊）ができてしまうことがあります。これによって引きおこされるのが，エコノミークラス症候群です。

エコノミークラス症候群は，ニュースなどでよく耳にしますね。長時間のフライトで発症しやすいと聞きました。

その通りです。血栓ができると，足が痛んだり腫れたりします。それだけでなく，血栓が血液に乗って肺に到達してしまうと，肺に詰まって重篤な症状を引きおこし，最悪の場合，死に至ることもあるんです。

こわいですね！　筋肉はよく動かさないと！

そうなんですよ。

とくに，大きな筋肉が集まる**ふくらはぎ**の筋肉は，まるで牛の乳を搾るように収縮と弛緩をくりかえして，血液を心臓に送っています。

このような筋肉のはたらきは，**ミルキング・アクション**とよばれているんですよ。

乳を搾るみたいにですか！

はじめて聞きました。もう，筋肉＝心臓にしか思えませんよ。

ええ。また，筋肉は，血液の循環だけでなく，**血圧**とも大きなかかわりがあります。

血圧にも！

はい。一般的に血圧とは，動脈を流れる血液の圧力のことで，心臓の**一回拍出量**（左心室が，1回の伸縮で大動脈へ送りだす血液の量）と，**末梢血管抵抗**（血管内でおきる，血液の流れに対する抵抗）に比例します。

たとえば，大きな筋肉が連続して力を出し続けるような激しい運動をすると，一回拍出量や循環する血液の量が増えます。すると，それにともなって末梢血管抵抗も大きくなり，血圧が上がるしくみになっています。

 なるほど〜。

 ただし，運動を続けていると筋肉の中で毛細血管が増えてくるので，末梢血管抵抗は下がります。また，よく運動をしている人は，運動をしていないときの**副交感神経**（体をリラックスさせる神経系）のはたらきが活発になり，そのために安静時の血圧が低い傾向にあることがわかっています。

 筋肉と血液の循環がこんなにも密接だとは。
たしかに，筋肉が一生をつくる！　というのがわかる気がしてきました。

体を動かす
いろいろな筋肉

体の動きは，さまざまな骨格筋が骨を動かすことでもたらされます。骨格筋の数は600以上にもおよびます。ここでは，主な骨格筋の名前と，その役割について見ていきましょう。

全身には600以上の筋肉がある！

先にお話ししたように，体を動かしている筋肉は「骨格筋」といいます。この本では，単に筋肉といえば骨格筋をさします。**骨格筋の総数は600以上にもおよびます。**

600以上も!?

ええ。すごいでしょう。
成人男性だと，体重の約40％は骨格筋が占めているんです。

じゃあ，私の体は半分近くが筋肉なんですね！
体重が65キログラムだから，26キログラムくらいが骨格筋なのか〜。

もちろん，鍛えている人はこれより多いですし，そうでなければもっと少ないはずです。

また，同じ骨格筋でも，部位によって形状がことなります。たとえば，ひじやひざなどの関節を伸ばすための骨格筋は，筋線維のつき方が鳥の羽のように見えることから羽状筋（じょうきん）とよばれています。筋線維というのは，筋肉を構成している細胞のことです。筋線維についてはあとからくわしくお話ししますね。**羽状筋は体積あたりの筋線維数が多く，体が重力に逆らって姿勢を維持したり，強い力を出したりするのに適しています。**

筋肉のかたちで得意分野が決まるわけですね。

そうです。

一方，関節を曲げる筋肉には，素早く大きく動かすために筋線維が筋肉の長さ方向と平行に並ぶ平行筋（へいこうきん）（紡錘状筋（ぼうすいじょうきん）），またはそれに近いかたちをしています。かたちとしては羽状筋でも，筋線維のかたむき（筋肉の長さ方向からのズレ）が小さい構造になっています。

ポイント！

骨格筋の数は 600 以上！

成人男性の体重の 40% を占める。
筋肉の形状は，部位によってことなる。

ではここから，主な筋肉の名称やはたらきについて，イラストとともに見ていきましょう。

まず上半身の主な筋肉，それから下半身の主な筋肉，そのあとで，顔・首，肩・腕・手首といった部位に分けて，くわしくご紹介していきたいと思います。

お願いします！

それではさっそく，上半身の主な筋肉を見ていきましょう。次のページのイラストを見てください。上半身には，腕を動かす筋肉がたくさんあります。

まず，両肩には，肩の筋肉を代表する三角筋（さんかくきん）があります。三角筋は，腕を横や前後に上げたり，ねじったり，横に上げた腕を前後に回したりなど，肩関節のほとんどの動きで重要な役割を果たしています。

肩の筋肉って，多くの動きをになっているんですね。意識したことなかったなあ。

そうでしょう。

次に，胸には，表層の大部分をおおう巨大な筋肉大胸筋（だいきょうきん）があります。大胸筋も，肩から腕のさまざまな動きをもたらす重要な筋肉です。

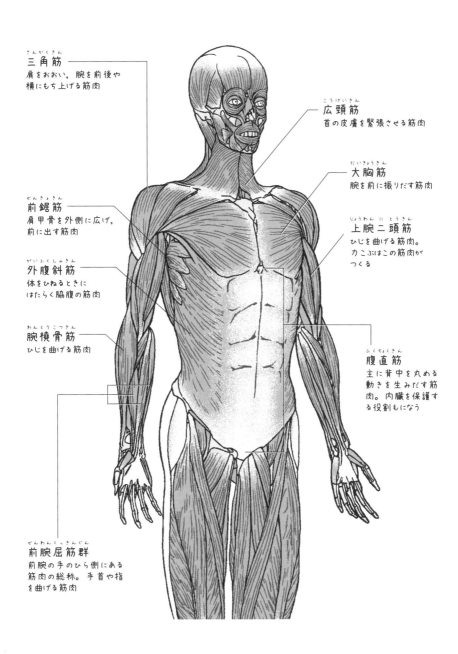

三角筋
さんかくきん
肩をおおい、腕を前後や
横にもち上げる筋肉

広頸筋
こうけいきん
首の皮膚を緊張させる筋肉

大胸筋
だいきょうきん
腕を前に振りだす筋肉

前鋸筋
ぜんきょきん
肩甲骨を外側に広げ、
前に出す筋肉

上腕二頭筋
じょうわんにとうきん
ひじを曲げる筋肉。
力こぶはこの筋肉が
つくる

外腹斜筋
がいふくしゃきん
体をひねるときに
はたらく脇腹の筋肉

腕橈骨筋
わんとうこつきん
ひじを曲げる筋肉

腹直筋
ふくちょくきん
主に背中を丸める
動きを生みだす筋
肉。内臓を保護す
る役割もになう

前腕屈筋群
ぜんわんくっきんぐん
前腕の手のひら側にある
筋肉の総称。手首や指
を曲げる筋肉

胸の筋肉も腕の動きに深く関わっているんですね。

 ええ。また，脇の下にある前鋸筋（ぜんきょきん）は，肩甲骨を外側に広げ，前に押しだす動き（外転）において，重要な役割を果たしています。

そのすぐそばには，胸から背中にかけて肋骨をおおっている外肋間筋（がいろっかんきん），外肋間筋の内側で肋骨をおおっている内肋間筋（ないろっかんきん）などがあります。

 腕を動かすには，腕そのものではなくて，いろいろな筋肉が関わってるんですねえ。

 そうなんですよ。

肩からひじにかけての部分を上腕（じょうわん）といいます。この上腕には，"力こぶ"でおなじみの上腕二頭筋（じょうわんにとうきん）や，上腕三頭筋（じょうわんさんとうきん），上腕筋（じょうわんきん）などの筋肉があり，主にひじを曲げ伸ばしする役目をになっています。

 上腕の筋肉は，厳密には主にひじを動かしているのか。

 そうですね。

それから，上半身の中でもひときわ目立つ筋肉といえば，腹部にある腹直筋（ふくちょくきん）です。

腹直筋というのは，いわゆる腹筋のことです。背中を前に丸める動きを生みだすほか，内臓を保護する役割にもなっています。「割れた腹筋」の正体も，この腹直筋です。

次は背中側です。次のページのイラストを見てください。背中には，上部に**僧帽筋**という，ちょっとかわった名前の筋肉があります。僧帽筋は，肩甲骨を動かす役割をになっています。
その下部には，**広背筋**が広がっています。広背筋は，人体の中で最も面積の大きい筋肉で，脇の下を通って上腕の骨につながっており，腕を前方から斜め後方に引き下ろす動きなどに関係しています。

上腕の骨にですか！　想像の斜め上をいくところとつながっているんですね。

この広背筋を鍛えることで，逆三角形のプロポーションが得られるんですよ。

おっ!?

それから，背骨の周辺には，まとめて**脊柱起立筋（群）**とよばれる複数の筋肉があります。
背骨には，動かすことができる骨（頸椎，胸椎，腰椎）が合計で24個あり，これらの骨は**椎骨**とよばれます。脊柱起立筋は深部にあるためイラストではえがいていませんが，体幹を支え，背骨を横から見てS字形に維持する，重要な筋肉です。
背中の筋肉がこのS字形を維持して上体をしっかり支えることで，人間は2本足での生活を実現しているのです。

背中の筋肉ってほとんど気にしたことがなかったんですが，重要な役割があるんですね。

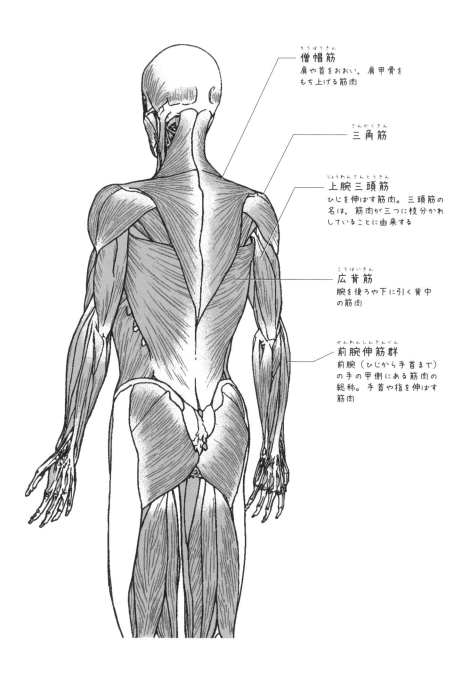

そうぼうきん
僧帽筋
肩や首をおおい，肩甲骨を
もち上げる筋肉

さんかくきん
三角筋

じょうわんさんとうきん
上腕三頭筋
ひじを伸ばす筋肉。三頭筋の
名は，筋肉が三つに枝分かれ
していることに由来する

こうはいきん
広背筋
腕を後ろや下に引く背中
の筋肉

ぜんわんしんきんぐん
前腕伸筋群
前腕（ひじから手首まで）
の手の甲側にある筋肉の
総称。手首や指を伸ばす
筋肉

分厚い胸板「大胸筋」

ここからは，今ご紹介した上半身の筋肉のうち，代表的な筋肉について，よりくわしくお話ししましょう。

まずは，筋肉の代表ともいえる**大胸筋**です。大胸筋は，胸の筋肉のなかで最も大きく，胸板をつくりだしています。大胸筋を鍛えて大きくすれば，**分厚い胸板**になります。**マッチョ**といえば，大胸筋を思い浮かべる方も多いのではないでしょうか。鍛え上げられた体のシンボルともいえるでしょう。

そうですね！　分厚い胸板は憧れです……。すごく強そうなイメージがあります。バーンと何でも跳ね返しそうな……。

そうですね。大胸筋は，主に上肢（肩から先の部分）の動きを生みだす根幹となる筋肉の一つです。

大胸筋は，上腕骨に巻きつくようについていて，腕を前に振りだす動き（肩の水平内転，屈曲）や，内側にひねる動き（内旋）において，最も重要なはたらきをしているのです。

そうなんですね。
胸の筋肉を鍛えると，肩や腕の力が強くなるわけですか。

その通りです。
たとえば**砲丸投げ**の選手は，肩の水平内転の力も利用して砲丸を投げます。そのため，下半身や腕の筋肉のほかに大胸筋が非常に発達しています。
また，ボールを投げる動作や，テニスでラケットを振る動作などでも大胸筋は重要な役割を果たしています。

なるほど〜。

ちなみに，大胸筋の内側には，肋骨と肩甲骨の上部を結ぶ**小胸筋**という筋肉があり，肩甲骨を下向きに動かしたり回したりする動き（下制，下方回旋）を生みだしています。野球でボールを投げるときのような，腕を前に振りだす動きに対してバランスを取る役割があります。

大胸筋に小胸筋ですか。
外側と内側にある筋肉が相互に連携して，力を生みだしているわけなんですね。

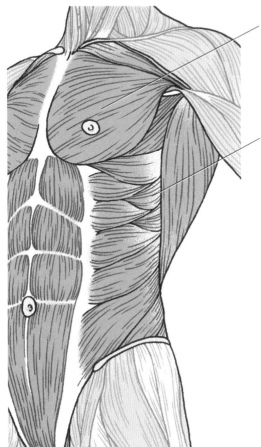

大胸筋
鎖骨，胸骨，腹直筋から上腕骨に向かって伸びる筋肉で，胸板をつくりだしている。胸の筋肉のなかで最も大きい。

前鋸筋
肋骨と肩甲骨の内側を結び，主に肩甲骨を外に広げ，前に押しだす筋肉。ボクシングのパンチのように，肩に対して腕を前に振りだすときなどにはたらく。

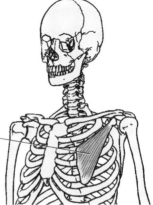

小胸筋
腕を前に振りだす動きに対してバランスを取る役割がある。

続いては，腹直筋に注目してみましょう。
腹直筋はいわゆる「腹筋」のことです。六つに分かれた特殊な形状をしていて，シックスパックという言葉でもよく知られています。大胸筋と同様，鍛え上げられた体のシンボル的な筋肉といえるでしょう。

割れた腹筋ですね！

そうです。
腹直筋は，上部は肋骨前面の肋軟骨（肋骨と胸骨をつなぐ軟骨）につながり，下部は恥骨（骨盤の前面にある骨）につながっています。
収縮することで上体を前方に曲げる動き（体幹屈曲）を生みだし，仰向けに寝ている状態から起き上がるときや，肋骨を引き下げて息を吐くときに使われます。

息を吐くのにも筋肉が使われるのか〜。

スポーツでは，主に体操競技において，空中で回転するときや，バレーボールのスパイクなど，体を前屈する動作で使われます。

空中で回転するというと，床運動とか鉄棒とかでよく見られる技ですね。あんな技，私には絶対に不可能です。器械体操の選手の筋肉も，本当にすごいですね。

そうですよね。ところで，なぜ鍛えている人の腹筋が割れているのかは，ご存じですか？

そういえば……憧れている割に知らないですね。

腹直筋は，次のページのイラストのように，上下に4段に分かれています。そのため，お腹の脂肪が少なく，腹直筋が発達していると，割れ目がくっきりとして，「シックスパック」とよばれる状態になるのです。

なるほど。

腹直筋には，先ほどお話ししたはたらきのほかに，内臓を支えるはたらきもあります。
年をとってから下腹がポッコリしてしまうのは，腹直筋のおとろえも関係しているんですよ。

見た目のカッコよさに気を取られていましたけど，内臓を支えるという重要な役割もになっているんですね。

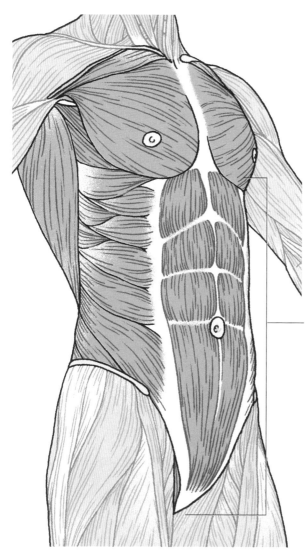

腹直筋
上部は肋骨前面の
肋軟骨（肋骨と
胸骨をつなぐ軟骨）
につながり，下部は
恥骨（骨盤の前面
にある骨）につながっ
ている。

脇腹の筋肉は三層構造

腹直筋ほど目立つ筋肉ではありませんが，脇腹の筋肉も見てみましょう。

脇腹，ですか。
たしかにほとんど意識したことがないですね。

脇腹の筋肉は，3層に分かれています。
一番外側には，肋骨の横から前方に向かって斜め下に伸びている外腹斜筋があり，外腹斜筋の内側には，筋線維が腸骨（骨盤の上部）から扇状に伸びている内腹斜筋があります。**この2種類の筋肉は，筋線維の向きによってことなる向きに収縮する力がはたらき，体幹を前に曲げる（屈曲），ねじる（回旋），横に曲げる（側屈）などの動きを生みだしています。**

二つの筋肉がちがう向きに収縮することで，体を曲げたりねじったりという動きが生まれるんですねえ。

そうなんです。
さらに，内腹斜筋の内側には，筋線維が真横に近い向きで並んでいる**腹横筋**（ふくおうきん）があります。腹横筋は，体の横では肋骨の下側と骨盤の上部（腸骨）につながっており，前部では腹直筋と骨盤の前部（恥骨）につながっています。
腹横筋は，外腹斜筋や内腹斜筋のように体を動かすことには関係していませんが，お腹のほかの筋肉とともに収縮してお腹の圧力（腹圧）を高めることで，呼吸を助けます。 腹式呼吸で息を吐くときにお腹を凹ませますよね。それが，腹横筋のはたらきです。

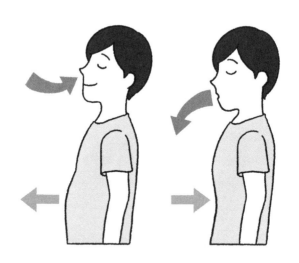

三層構造の一番奥で，ほかの筋肉と連携して，呼吸に一役かってるんですね。

はい。
また，**腹部を締め付けて腹圧を保つことで体幹を安定させたり，排便をスムーズにしたりするはたらきなどもになっているんですよ。**

排便をスムーズにする!?

これはまた思いがけないはたらきですね。地味ですが，すごく大事なはたらきですね。筋肉って，深いですね。

そう，まさにそのお言葉の通り，腹横筋のように体の奥にある筋肉は，**インナーマッスル**とよばれます。

インナーマッスルですか。
いろんなところで役に立っているんですね。

そうですね。
これら脇腹の筋肉は，起き上がったり，上体をひねったりといった日常の動作に使われるほか，球技や格闘技をはじめ，さまざまなスポーツでひんぱんに使われています。
とくに，野球のバッティングやピッチング，テニスのスイングなどが，その代表的な例です。

やっぱり野球は上半身の筋肉も大事なのか～！
でも，動かすだけじゃなく，姿勢を維持することにも，筋肉は重要なはたらきをになっているんですね。

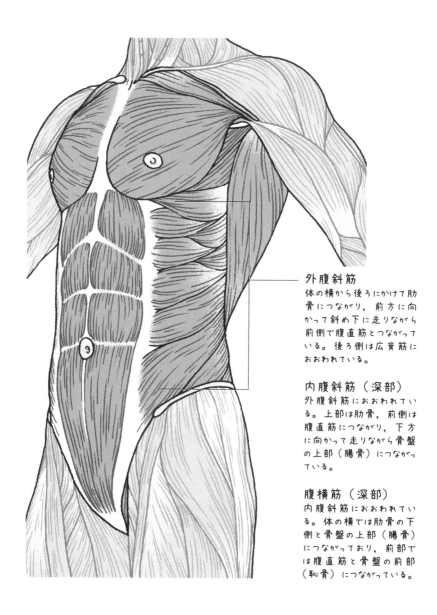

外腹斜筋
体の横から後ろにかけて肋
骨につながり、前方に向
かって斜め下に走りながら
前側で腹直筋とつながって
いる。後ろ側は広背筋に
おおわれている。

内腹斜筋（深部）
外腹斜筋におおわれてい
る。上部は肋骨、前側は
腹直筋につながり、下方
に向かって走りながら骨盤
の上部（腸骨）につながっ
ている。

腹横筋（深部）
内腹斜筋におおわれてい
る。体の横では肋骨の下
側と骨盤の上部（腸骨）
につながっており、前部で
は腹直筋と骨盤の前部
（恥骨）につながっている。

下半身の筋肉

次に，下半身の主な筋肉を見ていきましょう。下半身の筋肉は，立つ，歩くといった基本動作をになっており，体の中でもとくに大きな筋肉が存在しています。

歩いたり走ったり，階段を上り下りしたり，という動作を普通にしていますけど，よく考えると，その都度片脚には交互に全体重がかかっているわけですからねえ。

その通りです。
45ページを見てください。まず，太ももの前面には，大腿四頭筋があります。大腿四頭筋は，中間広筋，外側広筋，内側広筋，中間広筋の上にある大腿直筋の四つで構成されます。このように，複数の筋肉がまとまってできている筋肉を多頭筋といいます。
大腿四頭筋は，一つの筋肉として考えると，人体の中で最も大きな体積をもちます。ひざの関節を伸ばす機能があり，立ち上がったり走ったり蹴ったりという動作で中心的な役割を果たしています。

大腿四頭筋が一番大きいのか〜。

太ももの後ろ側には，ハムストリングがあります。ハムストリングは，大腿二頭筋，半腱様筋，半膜様筋の三つで構成されます。
ハムストリングは，ひざを曲げるはたらきと，股関節を軸に脚を後方に振るはたらきをもっています。

43

ハムストリングなんて面白い名前ですね。

そうですね。
それから，ふくらはぎには，ヒラメ筋や腓腹筋などの
筋肉があります。
これらの筋肉の中で最も大きいヒラメ筋と，ヒラメ筋を
おおうように発達している腓腹筋は，あわせて下腿三
頭筋とよばれます。下腿三頭筋は，足首に近い部分でア
キレス腱とつながっています。

ヒラメ筋ですか。これも面白い名前ですね。

ええ。**これらのふくらはぎの筋肉は，日常生活では重力
に逆らって立っているときや，かかとを上げてつま先立
ちをする（底屈）ときなど，また，スポーツではランニン
グやジャンプのときにスピードを生みだすはたらきをし
ます。**
この筋肉がおとろえると，地面を蹴る力が弱くなり，歩
行が遅くなってしまうんですよ。

ふくらはぎもかなり重要な部分ですね。

そうなんですよ。
それから，お尻には大殿筋，中殿筋，小殿筋があり
ます。この3種類の筋肉は，協調してはたらくことで，
脚を股関節を軸にして後ろに振る動き（伸展），横に振る
動き（外転）や，大腿骨をひねる動き（回旋）などを生み
だしています。

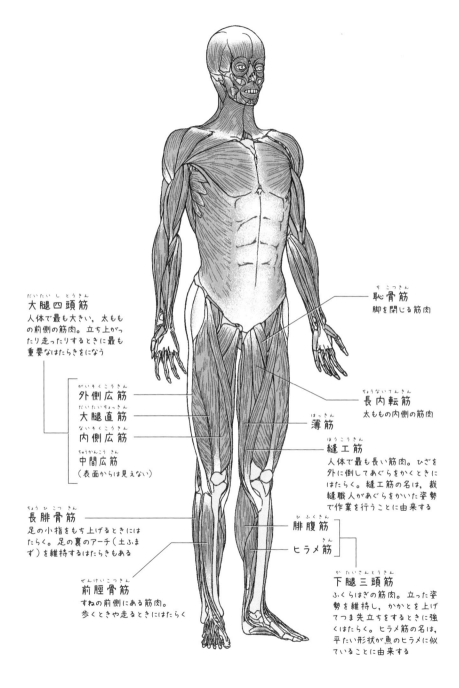

大腿四頭筋
（だいたいしとうきん）
人体で最も大きい，太もも
の前側の筋肉。立ち上がっ
たり走ったりするときに最も
重要なはたらきをになう

外側広筋
（がいそくこうきん）

大腿直筋
（だいたいちょっきん）

内側広筋
（ないそくこうきん）

中間広筋
（ちゅうかんこうきん）
（表面からは見えない）

長腓骨筋
（ちょうひこつきん）
足の小指をもち上げるときには
たらく。足の裏のアーチ（土ふま
ず）を維持するはたらきもある

前脛骨筋
（ぜんけいこつきん）
すねの前側にある筋肉。
歩くときや走るときにはたらく

恥骨筋
（ちこつきん）
脚を閉じる筋肉

長内転筋
（ちょうないてんきん）
太ももの内側の筋肉

薄筋
（はっきん）

縫工筋
（ほうこうきん）
人体で最も長い筋肉。ひざを
外に倒してあぐらをかくときに
はたらく。縫工筋の名は，裁
縫職人があぐらをかいた姿勢
で作業を行うことに由来する

腓腹筋
（ひふくきん）

ヒラメ筋
（きん）

下腿三頭筋
（かたいさんとうきん）
ふくらはぎの筋肉。立った姿
勢を維持し，かかとを上げ
てつま先立ちをするときに強
くはたらく。ヒラメ筋の名は，
平たい形状が魚のヒラメに似
ていることに由来する

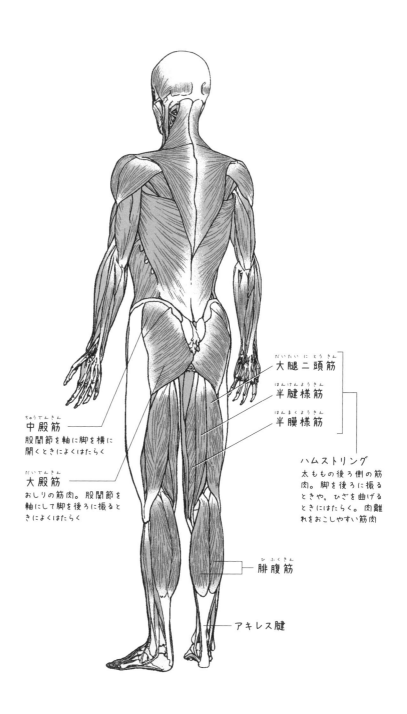

<ruby>大腿二頭筋<rt>だいたいにとうきん</rt></ruby>

<ruby>半腱様筋<rt>はんけんようきん</rt></ruby>

<ruby>半膜様筋<rt>はんまくようきん</rt></ruby>

<ruby>中殿筋<rt>ちゅうでんきん</rt></ruby>
股関節を軸に脚を横に
開くときによくはたらく

<ruby>大殿筋<rt>だいでんきん</rt></ruby>
おしりの筋肉。股関節を
軸にして脚を後ろに振ると
きによくはたらく

ハムストリング
太ももの後ろ側の筋
肉。脚を後ろに振る
ときや、ひざを曲げる
ときにはたらく。肉離
れをおこしやすい筋肉

<ruby>腓腹筋<rt>ひふくきん</rt></ruby>

アキレス腱

最大の筋肉「大腿四頭筋」

さてここで，今ご紹介した下半身の筋肉のうち，代表的な筋肉をくわしく見ていきましょう。
まずは，**大腿四頭筋**です。

体の中で一番体積が大きい筋肉ですね。

そうです。
大腿四頭筋は，**中間広筋，外側広筋，内側広筋，大腿直筋**の四つで構成されているとお話ししました。中間広筋は太ももの深部にあり，大腿骨のすぐ前に位置していて，それを大腿直筋がおおっています。太ももの外側に外側広筋，内側に内側広筋という構造になっています。

なかなか複雑ですね。

大腿四頭筋は，大腿骨の上部から膝蓋骨（ひざの皿）と脛骨（すねの内側の骨）につながり，主にひざを伸ばす動き（伸展）を生みだします。
ただし，大腿直筋だけは，骨盤から大腿骨をまたぎ，膝蓋骨と脛骨につながっているため，ひざの伸展だけでなく，股関節を軸に脚を前に振りだす動き（屈曲）にも関係しています。

四つの筋肉のうち，大腿直筋だけが，ちょっと特殊なんですね。

前

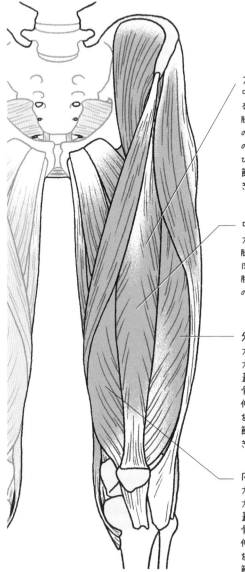

大腿直筋
中間広筋の上におおい被さ
るように広がる。骨盤から
大腿骨をまたぎ、膝蓋骨（ひざ
の皿）と脛骨（すねの内側
の骨）につながっているため、
ひざの伸展だけでなく、股関
節を軸に脚を前に振りだす動
き（屈曲）にも関係する。

中間広筋（深部）
大腿骨のすぐ前にあり、大
腿直筋におおわれている筋
肉。大腿骨の上部から伸び、
膝蓋骨と脛骨（すねの内側
の骨）につながっている。

外側広筋
大腿骨の外側にある筋肉。
大腿骨の上部から伸び、膝
蓋骨と脛骨（すねの内側の
骨）につながっている。ひざを
伸展させる筋肉で、太もも
を内側にひねった姿勢（股関
節の内旋位）で、よりはたら
きやすい。

内側広筋
大腿骨の内側にある筋肉。
大腿骨の上部から伸び、膝
蓋骨と脛骨（すねの内側の
骨）につながっている。ひざを
伸展させる筋肉で、太もも
を外側にひねった姿勢（股関
節の外旋位）で、よりはたら
きやすい。

大腿四頭筋

そうですね。
大腿四頭筋は，立ち上がる・階段を上るといった日常的な動作のほか，スポーツでは**ダッシュ**や**ジャンプ**，**キック**など，脚を使うあらゆる運動に関係しています。スポーツ選手の太ももが太いのは，この大腿四頭筋が発達していることによる部分が大きいのです。

そういえば，オリンピックで**スピードスケート**を観戦するとき，いつも選手の太もものたくましさに目を見張ってましたが，あの筋肉は大腿四頭筋だったんですね。

そうです。
スピードスケートの選手は，スタート直後に一気に加速し，そのスピードを保ったままゴールを駆け抜けます。爆発的な加速力を生みだすために，大腿四頭筋がとくに発達し，大きく盛り上がっているんですよ。

なるほど！

太ももの裏の「面白い名前の筋肉」についても，少しくわしくお話ししておきましょう。

 ハムストリングですね。

 そうです。
"ハム"は太ももの肉，"ストリング"はひもという意味なんです。ひざの裏側には，ひも状の腱が内側と外側に分かれて配置されていて，豚肉をつるすときに，こうした腱をひもとして使ったことから，このような名前がついたのです。

 そういうことですか。

 ハムストリングは，半膜様筋，半腱様筋，大腿二頭筋の三つで構成されるとお話ししました。
中でも，外側にある大腿二頭筋が大きな役割を果たしています。大腿二頭筋は，"二頭筋"という名の通り，付け根の部分が二つに分かれていて（長頭と短頭といいます），長頭は坐骨（骨盤の下側）から，短頭は大腿骨の中央部付近から下向きに伸びています。
長頭と短頭は途中で一つになり，ひざ関節の外側を通って腓骨（すねの外側の骨）につながっています。股関節の伸展だけでなく，ひざを曲げるはたらきもあります。

 ハムストリングも複雑な構造ですね。

後ろ

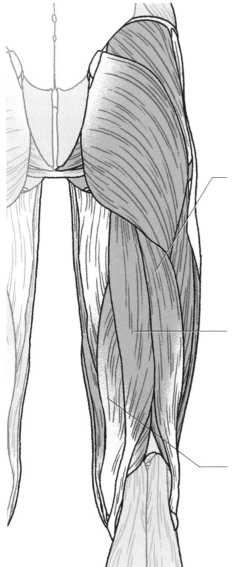

大腿二頭筋

ハムストリングの中で最も外側にある。長頭は、サイズの小さな短頭（骨盤の下側）から伸び、膝関節の外側を通って腓骨（すねの外側の骨）につながっている。短頭は、大腿骨の中央部付近から下向きに伸び、途中で長頭と一つになっている。

半腱様筋

太ももの後ろ側の中央部分を、半膜様筋をおおうように走っている。半膜様筋と同じく、坐骨（骨盤の下側）から伸び、膝関節の内側を通って脛骨（すねの内側の骨）につながっている。

半膜様筋

内ももにあり、一部は半腱様筋におおわれている。半腱様筋と同じく、坐骨（骨盤の下側）から伸び、膝関節の内側を通って脛骨（すねの内側の骨）につながっている。

ハムストリング

日常生活では，前屈みの状態から上体を起こす動きや，歩くときに，床を後ろに蹴る動作などで力を発揮します。スポーツでは，短距離走のトップスピードで，脚を後方に振る動きや，前方に振りだした脚を折りたたむときなどに使われます。

トップスピード！

極端な動きのときに活躍するんですね。

そうなんです。
短距離を速く走るためには，ひざを伸ばす大腿四頭筋のはたらき以上に，大殿筋とともに脚を後方に振るはたらきをするハムストリングが非常に重要になります。 そのため，短距離選手のハムストリングは，きわめて高い筋力と柔軟性を兼ね備えているんですよ。

そうだったんですね。

一方で，ハムストリングは，日常生活においては大きな負荷がかかることはありませんし，大きく動かす機会も少ないため，慣れないスポーツで急に負荷がかかると傷めることが多いので，注意が必要です。

単独では人体最大！ お尻の筋肉「大殿筋」

人体で最も大きな体積をもつのは大腿四頭筋ですが，単独の筋肉として最大の大きさを誇るのは，お尻の筋肉である**大殿筋**です。

大殿筋は，骨盤を構成する「腸骨」や「仙骨」と結びつき，もう一方の端は大腿骨の上端につながっています。先ほどお話しした，太ももを後ろへと振る動きをハムストリングとともにになります。

スプリントの陰の立役者なんですね！

そうですね。

おさらいになりますが，お尻には，大殿筋のほか，大殿筋の内側に**中殿筋**，そのさらに内側には**小殿筋**もあり，お尻のふくらみはこれらの筋肉がつくりだしています。日常生活では，大股で歩くときや，座った姿勢から立ち上がるとき，階段を上るときに大きなはたらきをします。スポーツでは，ジャンプやダッシュのほか，**サッカー**や**バスケットボール**などで横へ素早いステップを行うときにも，これらの筋肉が使われます。

直立歩行をする人間にとっては，すごく重要な筋肉なんですね！

後ろ

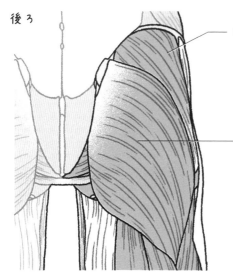

中殿筋

大殿筋

骨盤や恥骨から，中殿筋や小殿筋をおおうように大腿骨の上部につながっており，股関節から脚を後ろに振る動き（伸展）や外に振る動き（外転），大腿骨を外にひねる動き（外旋）などを行うときに重要なはたらきをする。人体の中で最も大きな筋肉で，尻の筋肉の中では最も大きな力を発揮する。

前

中殿筋

大殿筋とともに，股関節の動きに重要な役割を果たしている。腸骨（骨盤）上部から大腿骨の付け根につながり，主に股関節から脚を外に振る動き（外転）にはたらく。

小殿筋

中殿筋の内側にあり，腸骨と大腿骨をつなぐ。中殿筋と同じく，主に股関節から脚を外に振る動き（外転）にはたらく。

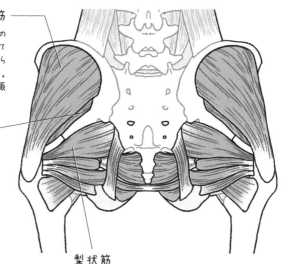

梨状筋

恥骨から骨盤の下側を通り，大腿骨の付け根の上部につながる。主に大腿骨を外側にひねる動き（股関節の外旋）にはたらく。また大腿骨骨頭を引きつけて，股関節の回転軸を安定させる。

ふくらはぎの筋肉は力が強い

すねの背面にあたる，ふくらはぎの筋肉についても見ていきましょう。下腿三頭筋を構成する，ヒラメ筋と腓腹筋に注目してみたいと思います。

ヒラメ筋も，なかなかインパクトのある名前ですね。

そうですね。下腿三頭筋の中で最も大きいのがヒラメ筋です。ヒラメのように平らなかたちをしているので，その名がついたんですよ。

面白いですね。

ヒラメ筋は腓腹筋におおわれていて，腓骨（すねの外側の骨）の上部とかかととをつないでいます。先ほどもお話ししましたが，主に足首を伸ばしてつま先立ちをする（底屈）動きを生みだします。

一方，ヒラメ筋をおおっている腓腹筋は，上部は内側の内側頭と外側の外側頭の二股に分かれて大腿骨下部とつながり，ひざと足首をまたいでかかとにつながっています。そのため，足首を底屈させる動きのほか，ひざを曲げる動き（屈曲）も生みだしています。

一人二役みたいな感じですね。

さらにこの二つの筋肉は，かかとに近い部分がかたい腱になっていて，アキレス腱とよばれています。

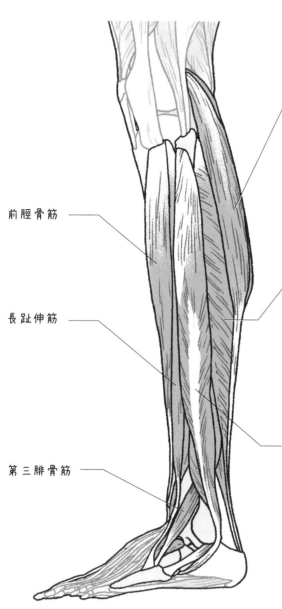

前脛骨筋

長趾伸筋

第三腓骨筋

腓腹筋

大腿骨の下部からかかとに
つながっている。足首とひざ
をまたぐ二関節筋で、足首
を底屈させるほか、ひざを曲
げる動き（屈曲）を生みだ
す。かかとに近い部分の腱
は、ヒラメ筋の腱とともにア
キレス腱となっている。

ヒラメ筋

腓腹筋におおわれたヒラメの
ように平べったい筋肉。腓
骨（すねの外側の骨）の上
部とかかとをつないでいる。
かかとに近い部分は、腓腹
筋の腱とともにアキレス腱を
形づくっている。

長腓骨筋

腓骨（すねの外側の骨）の
上部からふくらはぎの外側を
へて足首の外側を通り、足
の小指側をもち上げる小指
の骨につながっている。足首
の底屈のほか、足首を外側
に曲げる動き（外反）を生
みだす。

アキレス腱は，筋肉ではないのですか？

そうです。
ハムストリングのところでも少し触れましたが，腱は筋肉を骨とつなぐ組織のことです。**アキレス腱は，非常に長くて太い腱で，バネのような役割をにない，歩行でも重要な役割をになう組織となっています。**

アキレス腱は歩行の肝なんですね。
たしかに，急所の比喩として使われているものなあ。
「この部分が，このチームのアキレス腱だ」とか。

そうですね。
つま先を持ち上げる動き（背屈）を生みだす，すねの前側の筋肉に比べると，足首を底屈させるふくらはぎの筋肉は太くて，力も強いです。

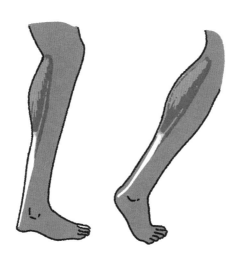

顔～首の筋肉

ここからは，頭部，とくに顔や首にある筋肉について
見ていきましょう。

はい。
顔なんて，とても細かい筋肉が集まっていそうですね。

ええ，その通りです。
まず頭部には，おでこの部分にあたる前頭筋，頭の後ろ
の部分にある後頭筋，まぶたを閉じる眼輪筋，口を動
かす口輪筋などがあり，これらを総称して顔面表情筋
とよびます。
顔面表情筋には数十もの種類があり，これらの筋肉が，
顔の繊細な表情をつくりだしています。

数十種類もですか～！

ええ，細かいんですよ。
また，あごを動かす咀嚼筋も，頭部の代表的な筋肉です。
咀嚼筋は下あごを動かす筋肉の総称で，そのうちの一つ
である側頭筋は，文字通り「こめかみ」にまで広がっていま
す。これらの筋肉と舌が一緒になってはたらき，ことなる
かたさのさまざまな食べ物をうまくかみ分けています。

下あごを動かす筋肉にもいくつかあるんですね。
顔の筋肉なんて，全然考えたこともなかったですよ。

それから，人間の重い頭部は，首の筋肉によって支えられ，動かすことができます。

また，喉からあごにかけては，物を飲み込んだり声を出したりするときにはたらく舌骨筋（群）があります。

そういえば，成人の頭の重さはボウリングの球1個分だと聞いたことがあります！

笑ったり泣いたり「顔面表情筋」

それでは，顔面表情筋にはどのような筋肉があるのかをくわしく見ていきましょう。

私たちは日ごろ，表情をつくって感情を表現しますよね。喜びとか，悲しみとか，怒りとか。

そして，表情をあらわすという行為を，他者とのコミュニケーションを円滑に行うために役立てています。私たち人間は，あらゆる動物の中で，この表情筋が最も発達しているといわれています。

たしかに，表情がないと会話してて不安になりますね。

一般的な骨格筋は，端が骨につながっているのに対して，表情筋は端が頭蓋骨につながり，もう一方は皮膚につながっています。

そのため，表情筋は顔に繊細な表情をつくることができるのです。このような構造の筋肉を皮筋といい，その動きは顔面神経に支配されています。

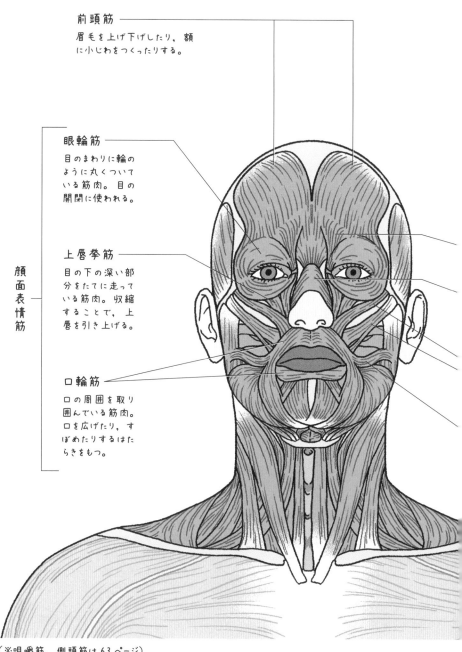

前頭筋
眉毛を上げ下げしたり、額に小じわをつくったりする。

眼輪筋
目のまわりに輪のように丸くついている筋肉。目の開閉に使われる。

上唇挙筋
目の下の深い部分をたてに走っている筋肉。収縮することで、上唇を引き上げる。

口輪筋
口の周囲を取り囲んでいる筋肉。口を広げたり、すぼめたりするはたらきをもつ。

顔面表情筋

（※咀嚼筋、側頭筋は63ページ）

60

なるほど，ここまで説明のあったほかの筋肉とはちがって，顔面表情筋は片方が皮膚につながっているんですね。表情筋にはどういうものがあるんですか？

主な表情筋は，まぶたを動かす**眼輪筋**や鼻を動かす**鼻筋**，笑顔をつくる**笑筋**などです。

笑筋なんていうのがあるんですね。

ただし，表情筋はお互いにつながっていることも多いため，それぞれの筋肉のかたちやはたらきを正確に把握することはむずかしいです。

皺眉筋
眉間の深い位置にあり，眉間にたてじわをつくるはたらきをもつ。

鼻筋
鼻のまわりにある筋肉。鼻を動かすはたらきをもつ。

頬骨筋（大・小）
口の周辺から耳のほうにかけて，頬を斜めに走る筋肉。収縮することで斜め上に口角を引き上げ，笑筋とともに笑顔をつくる。

笑筋
口角から頬にかけて伸びる筋肉。口を外側に引き，笑顔をつくりだす。

頭部の代表的な筋肉の一つ，咀嚼筋について，もう少しくわしくご紹介しましょう。

咀嚼筋はあごを動かす筋肉で，文字通り，食べ物をかみ砕くことにかかわる筋肉の総称です。

咀嚼筋っていう名前の筋肉がデーンとあるわけじゃないんですね。

そうなんですよ。

一般的には，表面から奥に向かって，咬筋，側頭筋，内側翼突筋，外側翼突筋の四つが咀嚼筋とよばれます。**咬筋，側頭筋，内側翼突筋が，大きな力で食べ物を砕きます。外側翼突筋は，内側翼突筋と交互にはたらくことで，口に入れた物をすりつぶすはたらきをもっています。**

うわあ。
今まで何も考えずに物を食べていましたけど，いろいろな筋肉が連携しているんですねえ。

そうですよ。ちなみに，物を食べるときのように奥歯をかみ合わせて，こめかみに指を当ててみてください。筋肉が動いているのがわかりませんか？

……あ，本当だ。
こめかみが動きますね。

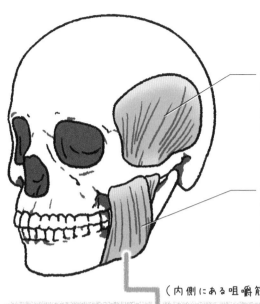

側頭筋
頭蓋骨の側面（側頭窩）と下あごの骨をつないでいる筋肉。歯をぐっとかんだときに、こめかみのあたりで触れることができる。

咬筋
ほお骨と下あごの骨をつないでいる筋肉。歯をぐっとかんだときに、ほおと耳のあいだあたりで触れることができる。

（内側にある咀嚼筋）

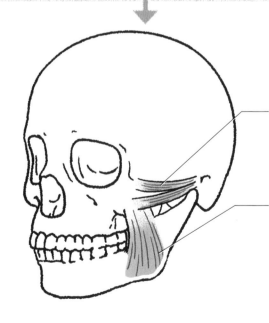

外側翼突筋（深部）
あごの骨の内側にある。鼻の奥にある骨と下あごの骨をつないでいる筋肉。

内側翼突筋（深部）
あごの骨の内側にある。あご関節を構成する骨を水平に近い方向でつないでいる筋肉。上部と下部に分かれている。

それは，**側頭筋**が動いているからなんですよ。先に少し触れましたが，側頭筋は，実は頭のほうまで広がっているんです。

口元だけ動かしてるわけじゃないんですね！

ええ。また，咀嚼には**舌**も関わっています。
食べ物をすりつぶすときには，舌を使って上の奥歯と下の奥歯のあいだに食べ物を保っておかなければなりません。舌や広い範囲の筋肉が連動して，咀嚼はうまく行われているのです。
ちなみに，ここで紹介した筋肉は主に口を閉じる動きに関わっていますが，別にある口を開く筋肉をセットにして咀嚼筋と呼ぶ場合もあります。

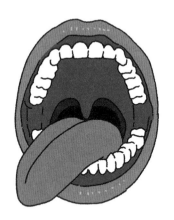

物をかむって，単純な動きのように思っていましたが，多くの筋肉が複雑にはたらいているんですね。

頭を支え，首を前後に動かし，物を飲み込む首の筋肉

 頭部の筋肉に続いて，首の筋肉も見ていきましょう。人間は脳が発達しているので，頭部が非常に重く，成人では全体重の約10％を占めるといわれています。

 さっきもいいましたが，ボウリングボール1個分だと……。

 そうですね。体重が65キログラムだとすると頭部の重さはおよそ6.5キログラムですから，14〜15ポンド（約6.4〜6.8キログラム）のボウリングボールくらいの重さになりますね。

 # 重い！

 これを下から支えるだけではなく，自在に動かす必要があります。それに加えて，物を飲み込む，声を出すなど，複雑な動きも求められます。
一見，細くて頼りなげですが，首には多数の筋肉があるんですよ。

そう考えると，首ってすごいですね。

まず，**首の前側には，主に頭を前に倒す動き（頸部の屈曲）を生みだす筋肉があります。**その代表的な筋肉の一つが，斜角筋です。斜角筋には前斜角筋，中斜角筋，後斜角筋の３種類があります。

これらが互いに協力しながら，頸部の屈曲のほか，頭を横に倒す動き（側屈）なども生みだしています。

首の筋肉も複雑ですね！

その通りです。

また，首の横には胸鎖乳突筋など，首を回す動き（頸部の回旋）や，側屈を生みだす筋肉があります。

さらに，喉からあごにかけての部分には，食道や気管の開閉をコントロールして嚥下（物を飲み込むこと）をうながしたり，発声にかかわる舌骨を動かしたりする，舌骨筋（群）があります。舌骨筋は，首の表層を広くおおう広頸筋の下に隠れています。

たしかに，飲み込んだり発声したりといったはたらきも，首の部分に集中していますね。

胸鎖乳突筋

左右の側頭骨から鎖骨や胸骨に向かって伸びる大きな筋肉。左右が同時に収縮すると頭が下を向き、一方が収縮すると頭が回転する。

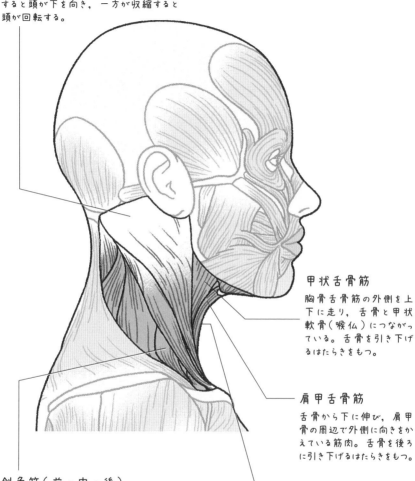

甲状舌骨筋

胸骨舌骨筋の外側を上下に走り、舌骨と甲状軟骨（喉仏）につながっている。舌骨を引き下げるはたらきをもつ。

肩甲舌骨筋

舌骨から下に伸び、肩甲骨の周辺で外側に向きをかえている筋肉。舌骨を後ろに引き下げるはたらきをもつ。

斜角筋（前・中・後）

頸椎から肋骨に向かって伸びる筋肉。首を動かすほか、胸郭を広げることで息を吸う動きを助ける。

胸骨舌骨筋

首筋肉の前部の中央を上下に走る舌骨筋。舌骨を引き下げるはたらきをもつ。

首の後ろ側には，主に頭を後ろに倒す動き（頸部の伸展）を生みだすための，多くの筋肉が発達しています。

その代表的な筋肉には，後頭部から胸椎に伸びる<ruby>頭半棘筋<rt>とうはんきょくきん</rt></ruby>や，後頭部から頭半棘筋の上におおいかぶさるように伸びている<ruby>頭板状筋<rt>とうばんじょうきん</rt></ruby>のほか，頭板状筋と並走しながら，頭板状筋よりさらに下側の胸椎につながっている<ruby>頸板状筋<rt>けいばんじょうきん</rt></ruby>などがあります。

なるほど〜。胸椎にまでつながっているんですね。

ええ。これらの筋肉は互いに協力し合って，頸部の伸展のほか，頭を横に倒す動き（側屈）や首を回す動き（回旋）などを生みだしています。

これらの筋肉の大部分は，後頭部から肩，背中にかけて広がっている**僧帽筋**におおわれています。

僧帽筋，ですか？

ええ，面白い名前でしょう。

僧帽筋は，カトリック教会のとある一派の修道士が着る外套の頭巾部分のかたちに似ていることから，この名前がついたといわれています。

また，後頭部には，ここで紹介している筋肉のほかにも，頭から伸びて首や胸，肩などにつながっている筋肉が何層にも重なっていて，これらの筋肉が協調してはたらくことで，頭がしっかりと支えられているのです。

頭半棘筋

後頭部を上下に走っている筋肉。首を回したり頭を後ろに倒したり上に向けたり，左右のどちらかのみを収縮させることで頭を回転させたりする。

頸板状筋

頭板状筋のやや前にあり，頸椎から胸椎に向かって伸びている。頭半棘筋や頭板状筋とともに，頭を上に向けたり，回転させたりする。

頭板状筋

後頭部で，頭半棘筋の上をやや斜めに走り，胸椎に向かって伸びる筋肉。頭半棘筋とともに首を回したり頭を後ろに倒したり上に向けたり，左右のどちらかのみを収縮させることで頭を回転させたりする。

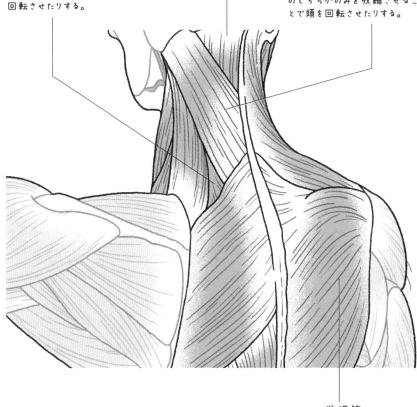

僧帽筋

筋線維がさまざまな方向に走っており，首や肩，背中の多くの動きに関係している。

上腕・前腕・手指の筋肉

ここからは，上肢の筋肉に注目してみましょう。
上肢とは肩から手の先までをさします。
上肢には，肩・ひじ・手首・各指の関節の動きを制御する筋肉などがびっしりと配置されています。
上肢は，肩からひじまでの上腕，ひじから手首までの前腕，そして手首から先の手指に分けることができ，それぞれことなる動きを生みだしているんですよ。

手や腕の動きは複雑そうですね。

そうですね。では順に見ていきましょう。
まず上腕には，ひじの関節を曲げたり伸ばしたりする筋肉があります。その中で最も目立つのは，上腕の前面にある上腕二頭筋でしょう。ひじを曲げたときに力こぶができますよね。その"本体"が上腕二頭筋です。
鍛えると太くなり，立派な力こぶができます。"厚い胸板"の大胸筋，"割れた腹筋"の腹直筋と並び，鍛え上げられた体のシンボル的筋肉といえるでしょう。

マッチョというと，腕を曲げて力こぶを見せているポーズが代表的ですよね！

 上腕二頭筋の下層には上腕筋，裏側には上腕三頭筋があります。上腕三頭筋は，ひじを伸ばす筋肉で，上腕の中では最も大きく，力が強い筋肉です。

 実は上腕三頭筋が一番大きくて強いなんて，はじめて知りました！

 続いて前腕です。**前腕には，主にひじや手首，指の動きに関連する細かな筋肉が集中しています。**
前腕の中で最も大きな筋肉は，前腕の内側にある深指屈筋で，手首や指の動きに関連しています。
ひじから先はひねることができますが，前腕には，この際にはたらく筋肉もあります。

 ひねるのも，筋肉のはたらきなんですね。

 そうなんですよ。
それから，手首から先の手指には，精密で複雑な動きをになう小さな筋肉が集まっています。それぞれの指ごとに小さな筋肉が存在していて，指の細かな動きは，これらの小さな筋肉（内在筋という）がはたらいた結果です。一方，物を強くにぎるときには前腕から伸びる深指屈筋などの大きな筋肉（外在筋という）がよくはたらきます。

 わ～！
さすがに手は精密ですね。

上腕を代表する筋肉　上腕二頭筋と上腕三頭筋

ではここで，上腕二頭筋と上腕三頭筋について少し
くわしく見てみましょう。

ゴールデンコンビですね！

フフフ，そうですね。

まず上腕二頭筋は，肩甲骨からはじまり，肩の関節とひ
じの関節をまたいで前腕の骨につながっています。
上部（筋頭）が長頭と短頭の二つに分かれていて，長頭は
上腕骨の上を回って肩甲骨に，もう一方の短頭は「烏口突
起」とよばれる，肩甲骨から前方に伸びる突起につながっ
ています。肩関節と肘関節をまたぐ，二関節筋というこ
とになります。**上腕二頭筋は，主にひじを曲げるはたら
きをするほか，前腕を外側にひねったり，腕を前に上げ
たり（肩の屈曲），横に上げた腕を前に振りだしたり（肩
の水平内転）とさまざまな動きにかかわっています。**

そんなにたくさんの動きに関係があるんですね。

そうなんですよ。一方，上腕三頭筋は，上部（筋頭）が
長頭，外側頭，内側頭の三つに分かれており，長頭が肩
甲骨，他の二つは上腕骨につながり，下部で一つになって，
尺骨に伸びています。**上腕三頭筋も上腕二頭筋と同様，
肩関節と肘関節をまたぐ二関節筋で，主にひじを伸ばす
はたらきをするほか，肩関節を軸に腕を下ろしたり，後
ろまで回したりする動き（伸展）にもかかわります。**

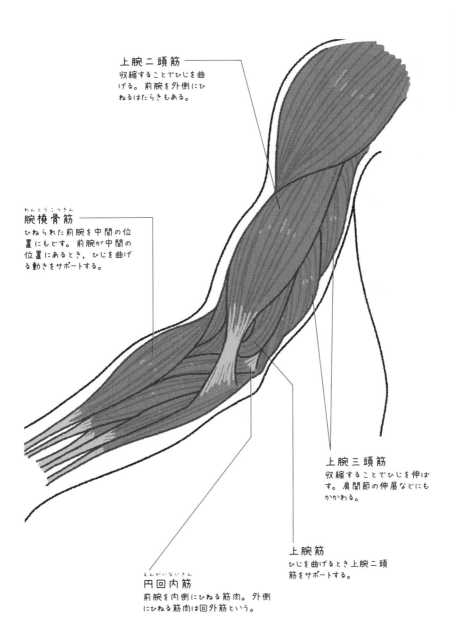

上腕二頭筋
収縮することでひじを曲げる。前腕を外側にひねるはたらきもある。

腕橈骨筋 わんとうこつきん
ひねられた前腕を中間の位置にもどす。前腕が中間の位置にあるとき、ひじを曲げる動きをサポートする。

上腕三頭筋
収縮することでひじを伸ばす。肩関節の伸展などにもかかわる。

上腕筋
ひじを曲げるとき上腕二頭筋をサポートする。

円回内筋 えんかいないきん
前腕を内側にひねる筋肉。外側にひねる筋肉は回外筋という。

先生，上腕二頭筋はひじを「曲げる」はたらきで，上腕三頭筋は「伸ばす」はたらきなんですね。正反対の筋肉が，どうやって連携しているんですか？

いい質問！

ではここで，関節を曲げて伸ばすしくみについてお話ししましょう。関節には通常，関節を伸ばす伸筋と，関節を曲げる屈筋がペアで存在しています。

ひじの関節の場合，屈筋は上腕二頭筋，伸筋は上腕三頭筋で，**ひじを曲げる動作では，屈筋である上腕二頭筋の収縮がその原動力となります。**

へええ～！

また，上腕二頭筋のそばにある上腕筋も，ひじを曲げる動作の補助をします。

補助という役割もあるんですね。

上腕二頭筋の収縮によってひじが曲がると，伸筋である上腕三頭筋は，伸ばされた状態になります。 そして，この上腕三頭筋が収縮すると，今度はひじが伸びます。

筋肉は自力で縮むことはできても，伸びることができないので，ほとんどの場合は上腕二頭筋と上腕三頭筋のように，反対の動きをもたらす筋肉とペアになっています。このペアとなる筋肉を，拮抗筋とよびます。

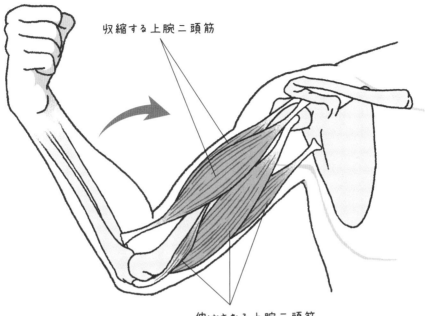

収縮する上腕二頭筋

伸ばされる上腕三頭筋

ポイント！

屈筋（上腕二頭筋）と伸筋（上腕三頭筋）が互いに逆のはたらきをすることでスムーズにひじの曲げ伸ばしが行われる。

ある筋肉に対して相反するはたらきをする筋肉のことを拮抗筋とよぶ。

一つの関節のまわりにはたらきのことなる筋肉が複数あることで，なめらかな動作を生みだしているんですね。

面白いでしょう。

また，今お話しした筋肉以外に，ひじを曲げる動作には，前腕にある腕橈骨筋や円回内筋もかかわっています。このように，ひじを曲げるだけの単純な動きでさえ，複数の筋肉が協調して複雑な制御をしているのです。

アタックナンバーワン！　前腕の筋肉

続いて，前腕の筋肉も見てみましょう。

先ほどもお話ししましたが，前腕には，主に手首やひじを動かす役目をもつ筋肉が集中しています。

これらのうち，**手首を手のひら側に曲げたり指を握ったりする筋肉は主に前腕の内側に，手首を手の甲側に反らせたり指を伸ばしたりする筋肉は主に前腕の外側についています。**

へえ，面白いですね。

前腕の内側にあり，手首と指を曲げるはたらきをしている筋肉には，深指屈筋，浅指屈筋や長掌筋などがあります。

深指屈筋が，前腕の中で最も大きい筋肉でしたね。

深指屈筋
指を曲げ親指を除く4本指を握り，手首を手の
ひら側に曲げるはたらきをもつ。表層には同様の
はたらきをする浅指屈筋がある。

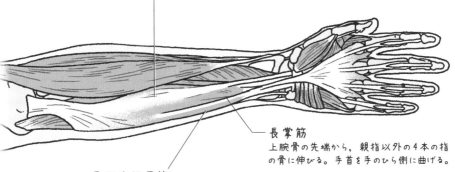

長掌筋
上腕骨の先端から，親指以外の4本の指
の骨に伸びる。手首を手のひら側に曲げる。

尺側手根屈筋
外側に傾ける上腕骨の先端と手の付け根の
骨をつなぐ。手首を手のひら側・外側に曲げる。

尺側手根伸筋
上腕骨の先端と手のつけ根の骨をつなぐ。
手首を手の甲側・外側に傾ける。

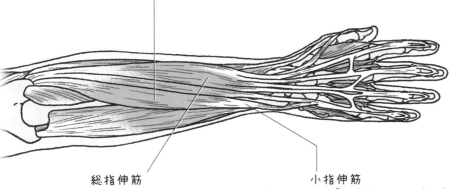

総指伸筋
上腕骨の先端から，親指以外の4本の指
の先端に伸びる。主に指を伸ばすほか，手
首を手の甲側に反らすはたらきをしている。

小指伸筋
上腕骨の先端から，小指の先
端に向かって伸びる。主に小指
を伸ばすはたらきをしている。

その通りです。

一方，前腕の外側にあり，手首と指を伸ばす（反らす）はたらきをしている筋肉には，総指伸筋_{そうししんきん}などがあります。これらの筋肉は，日常生活で手や指を使うあらゆる状況ではたらいているほか，スポーツではバレーボールのスパイクで手首のスナップをきかせるときや，乗馬で手綱を強く握るときなどに力を発揮しています。

バレーボールと乗馬ですか～。

ところで先生，前腕の筋肉も，内側が屈筋で，外側が伸筋ですね。拮抗筋ということですか。

お，気づきましたか。その通りです。前腕の内側と外側にある筋肉が互いに拮抗筋としてはたらくことで，手首のさまざまな細かい動きを生みだしているのです。

筋肉の動きはフクザツ②　手首をひねる？

前腕の筋肉には，手首の曲げ伸ばしのほかに，前腕を"ひねる"はたらきがあります。このひねるしくみについて少しお話ししましょう。

肘関節に対して前腕をひねることを回内（かいない）と回外（かいがい）といいます。回内とは，前腕を内側にひねることで，直立で手を下ろしているときに手のひらが背中側に向いている状態を回内位といいます。

回外とは，前腕を外側にひねることで，直立で手を下ろしているときに手のひらが腹側を向いている状態を回外位といいます。

このとき，手首をひねっていると思いがちですよね。

でも実際にひねっているのは前腕なんですよ。

そうなんですか？

手首をひねっているとしか思っていませんでした。

……今実際に動かしてみましたが，たしかに手首は全然ひねられていませんね！

そうでしょう。

前腕が回内しているとき，前腕にある2本の骨，尺骨と橈骨は交差し，回外しているときは平行に並びます。

回内にかかわる筋肉には円回内筋，方形回内筋などがあります。一方，回外にかかわる筋肉には上腕二頭筋や回外筋などがあります。

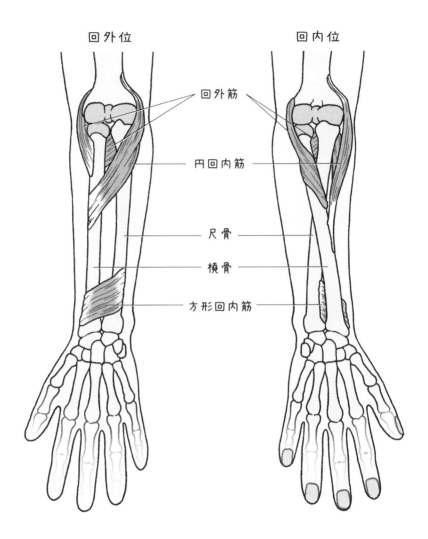

回外位　　　　　　　　　　回内位

回外筋

円回内筋

尺骨

橈骨

方形回内筋

体が動くのは，筋肉が関節を動かすから

ここまで筋肉について説明してきましたが，ここであらためて，骨と骨の接合部分である関節についても少しお話しておきましょう。骨と骨は，つながって動かないものと動くものがあります。この，動くことができる骨どうしの連結を関節といいます。人体にはおよそ260個もの関節があり，筋肉が関節を動かすことによって，体が動くわけです。

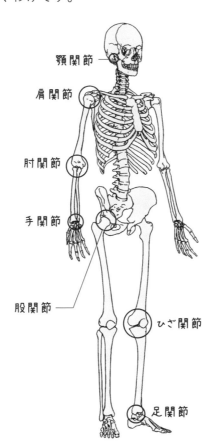

顎関節

肩関節

肘関節

手関節

股関節

ひざ関節

足関節

関節って，260個もあるんですか!?

そうなんですよ。

また，関節にはさまざまな形状があり，関節の種類によって動く方向（自由度）や角度（可動域）が決まっています。 たとえば，肩関節や股関節は，ボール状の凸部分と，その受け皿となる凹部分の組み合わせから成ります。この形状は球関節といい，あらゆる方向に動かすことができます。

なるほど。肩や股関節はグルグル回せますからね。

一方，ひざやひじの関節は，円柱状の凸部分と，その受け皿となる凹部分の組み合わせから成ります。この形状は，蝶番関節（ちょうばんかんせつ）といい，ドアのちょうつがいのように一方向にしか動かせません。

わかりやすい！
たしかに，ひざやひじは決まった方向にしか曲げられませんからね。

ほかにも，「車軸関節」「楕円関節」「鞍関節」「平面関節」といった，いろいろな形状の関節があり，それによって自由度や可動域が変わるわけです。

すごいなあ。人体ってよくできているんですねえ。

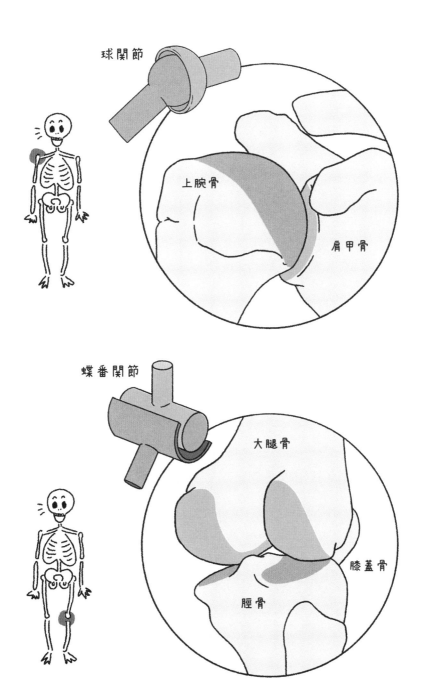

球関節

上腕骨

肩甲骨

蝶番関節

大腿骨

膝蓋骨

脛骨

関節の一般的な構造として，一方の骨は突出し（関節頭），もう一方はへこんでいます（関節窩）。

関節の隙間には**軟骨**があり，骨どうしが直接接触しないように，クッションの役割を果たしています。

この接合部全体を，関節包という柔軟な膜状の組織が包んでいます。この関節包の内部には関節の可動域を制限し，骨と骨がずれないようにする関節内靱帯があり，さらに関節の外側も靱帯でしっかりとおおわれて補強されています。

ここに筋肉が加わり，関節が動くというわけです。

うわ～！

そんな構造になっているんですか。

すごいでしょう。

ちなみに，関節を動かす筋肉が伸びにくければ，本来の可動域よりもせまい範囲でしか関節を動かせなくなります。この状態を「**体がかたい**」といいます。

じゃあ，私は今とても体がかたい状態です。

体がかたいとケガにもつながりやすくなりますから，ぜひ，あとからご紹介するストレッチなどをしてみてください。

筋肉が
はたらくしくみ

ここからは，筋肉そのものの「構造」と「機能」にせまります。
筋肉は「筋線維」という細胞の束でできており，細胞の内外にあるさまざまな器官と連携しながら，力を生みだしているのです。

筋肉は，縮むことによって力を発揮する

ここまで，体全体の主な筋肉についてご紹介しました。ここからは，筋肉そのものについて，どのような構造になっていて，どのようなしくみで体を動かしているのかを，くわしく見ていきましょう。

お願いします！

STEP1でもお話ししましたが，私たちの体の筋肉の多くは，二つの骨にまたがってくっついています。そして，骨格を上下左右に動かしたり回転させたりすることで，体のさまざまな動きを生みだしています。
しかし，筋肉自体はというと，どんな動きでもできるというわけではありません。実は筋肉は，自分自身では，縮む方向にしか力を発揮することができないのです。

えっ，縮むだけなんですか？

そうなんです。

たとえば，ひじの屈伸について考えてみましょう。

74ページで，ひじを曲げるときの動力源は，主に上腕二頭筋であるとお話ししました。上腕二頭筋が縮んでひじが曲がると，それにともなって上腕三頭筋は伸ばされます。逆にひじを伸ばす動きでは，上腕三頭筋が縮み，上腕二頭筋が伸ばされます。

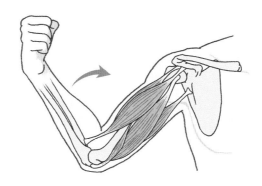

上腕二頭筋だけではひじを曲げることしかできないけれど，上腕三頭筋がひじを伸ばしてくれることで，またひじを曲げる（上腕二頭筋が縮む）ことができるようになるわけですね。

その通りです。**つまり筋肉は，"縮む"ことによってその機能を果たすのです。**

ポイント！

筋肉は，自分自身では，縮む方向にしか力を発揮することができない

筋肉は,「筋線維」でできている!

筋肉が「縮む」ことしかできないとは意外でした。ただ,ひじの曲げ伸ばしのしくみはわかったのですが,そもそも筋肉自体は,どうやって縮んでいるんですかね?

筋束

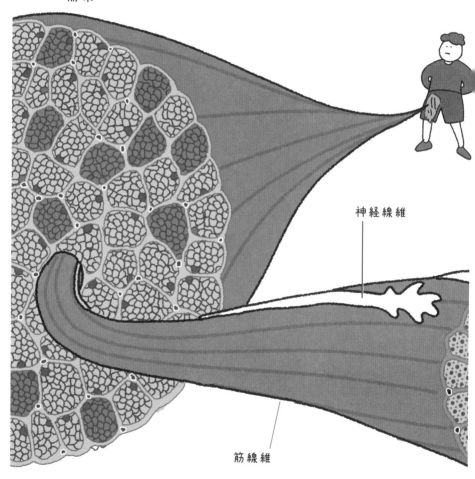

神経線維

筋線維

それではいよいよ，筋肉そのものの構造にせまっていきましょう。下のイラストを見てください。筋肉は，**筋線維**という細長い細胞が束（筋束）になり，それがいくつも寄り集まってできています。**つまり1本の筋線維とは一つの筋細胞のことなんです。**筋線維1本の太さは40〜100マイクロメートルにもなり，長さは，長いものでは10センチメートル以上にもなるんですよ。

筋肉って，**線維状の細胞の束**なんですね！
ところで，細胞って"小さい粒"のイメージなんですが，筋肉の細胞はどうしてそんなに長く，大きいんですか。

筋線維は，**筋芽細胞**という小さな細胞がたくさん融合して，一つの細胞をつくっているんです。
ですから，他の細胞よりも大きいし，1本の筋線維の中には，たくさんの細胞核が存在しているんですよ。

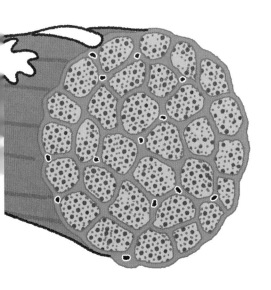

なるほど！　小さな細胞がくっつき合って，長く大きな細胞になっているわけなんですね。

そうなんです。筋線維を，さらに細かく見てみましょう。筋線維の中には，筋原線維とよばれる線維と，エネルギーを供給する小器官であるミトコンドリアが詰まっています。

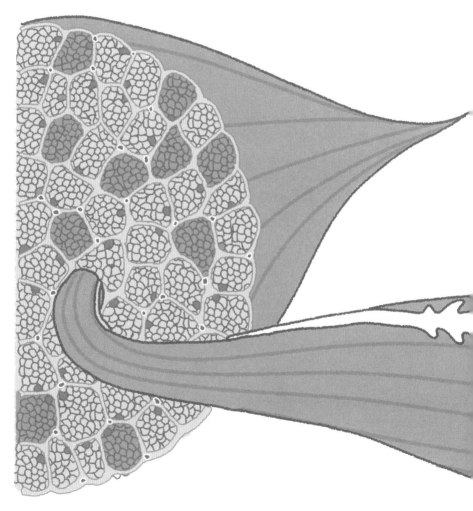

線維の中に, さらに線維が？

 はい。さらに, 筋原線維も2種類の線維状のタンパク質（フィラメント）でできています。それが**ミオシンフィラメント**と**アクチンフィラメント**です。
この2種類のフィラメントでできた筋原線維こそが, 筋肉を収縮させ, 力を発生させる"装置"なのです！

 # 力を発生させる装置!?

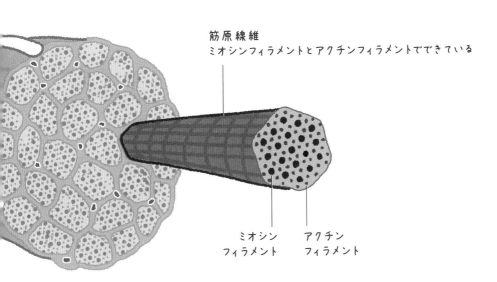

筋 原 線 維
ミオシンフィラメントとアクチンフィラメントでできている

ミオシン
フィラメント

アクチン
フィラメント

はい。**ミオシンフィラメントは，ひだ状の突起（ミオシン頭部）をもつ太い線維で，アクチンフィラメントは細い線維です。**筋原線維の断面を見てみると，ミオシンフィラメントを中心にアクチンフィラメントが6角形の頂点となるように並んでいます。

神経から電気信号がくると，最終的にミオシンフィラメントにあるひだ状の突起がアクチンフィラメントをたぐり寄せるように動くことで，筋線維が収縮するのです。

次のイラストは，筋原線維の中のミオシンフィラメントとアクチンフィラメントを模式的にあらわしたものです。

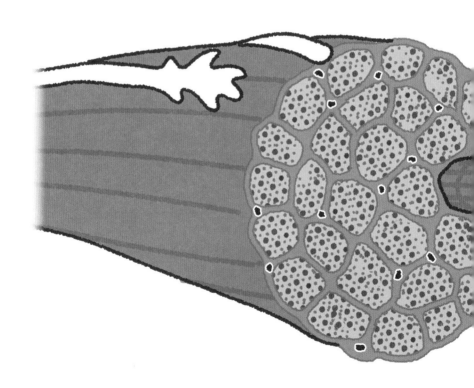

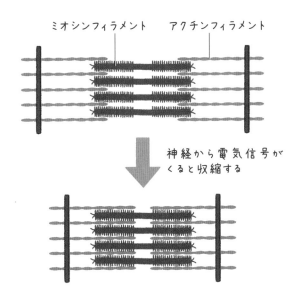

ミオシンフィラメント　　アクチンフィラメント

神経から電気信号が
くると収縮する

この6角形の面と面が近づくように
アクチンフィラメントとミオシンフィラ
メントがすべり合い，収縮する

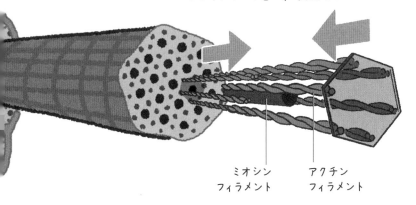

ミオシン　　　　　アクチン
フィラメント　　　フィラメント

このはたらきを，もう少しくわしくお話ししましょう。ミオシンフィラメントがアクチンフィラメントをたぐり寄せる力は，エネルギーを消費することで生まれます。このエネルギーの源は，**ATP（アデノシン三リン酸）**という分子です。ATPについては，あとからくわしくお話ししますね。筋肉が力を生みだすには，具体的には次のような過程があると考えられています。まず，「筋肉を収縮する」という脳からの指令（電気信号）が，運動神経から分泌される**アセチルコリン**という神経伝達物質によって，化学信号となって筋線維に伝わります。

はい。

次に，化学信号は再び電気信号に変えられて，筋線維の内部にある**筋小胞体**に届きます。すると，筋小胞体の中にたくわえられていた**カルシウムイオン**が放出され，アクチンフィラメントに結合します。これによって，アクチンフィラメントはミオシンフィラメントと反応しやすい状態となり，ミオシンフィラメントがアクチンフィラメントをたぐり寄せるようにして筋線維が収縮し，力が生まれます（次のページのイラスト）。

反応が連鎖していく感じですね。

そうですね。その後，筋肉の収縮に使われたカルシウムイオンが再び筋小胞体に取り込まれると，筋線維は弛緩します。このように筋肉は収縮と弛緩をくりかえすことで，さまざまな動きを生み出すことができるのです。

すごいしくみなんですね！

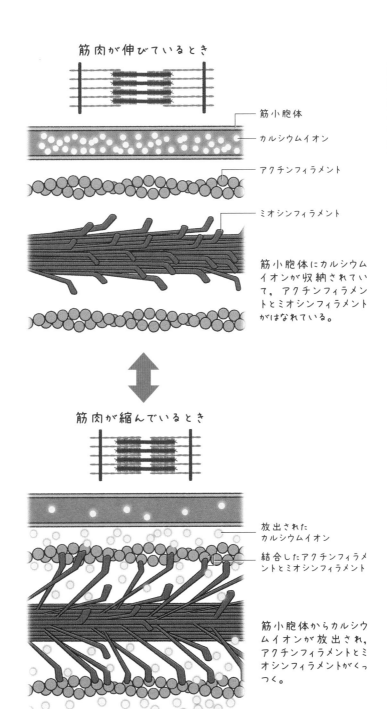

筋肉が伸びているとき

筋小胞体

カルシウムイオン

アクチンフィラメント

ミオシンフィラメント

筋小胞体にカルシウムイオンが収納されていて、アクチンフィラメントとミオシンフィラメントがはなれている。

筋肉が縮んでいるとき

放出されたカルシウムイオン

結合したアクチンフィラメントとミオシンフィラメント

筋小胞体からカルシウムイオンが放出され、アクチンフィラメントとミオシンフィラメントがくっつく。

性質がちがう2種類の筋線維

続いて，筋線維の性質についてお話ししましょう。
筋線維は，収縮をおこすタンパク質（ミオシン）の性質によって，大きく**I型線維**と**II型線維**の2種類に分けられます。

へええ！　知りませんでした！
どんな違いがあるんですか？

まずI型線維は**遅筋線維**ともいわれます。**収縮速度が遅く，生みだす力やパワーが小さいという特徴があります。そのかわりにスタミナがあります。**そのため，**マラソン型**の筋線維といえます。

スピードはないけど，持久力に優れているわけですね。

一方，II型繊維は**速筋線維**ともいわれます。**収縮速度が速く，生みだす力やパワーが大きいという特徴があります。**そのかわりにスタミナはありません。そのため，**スプリント型**の筋線維といえます。

なるほど。収縮速度が遅い筋線維と速い筋線維に分かれるわけですね。

その通りです。
また，遅筋線維は束になると赤みがかって見えます。

これは，筋線維の中にある，ミオグロビンやチトクロームという，赤い色のタンパク質によるものです。これらのタンパク質には，酸素を筋線維の中に取り込んだり，エネルギーの産生を助けたりするはたらきがあるのです。これによって，スタミナが生みだされます。
一方，**速筋線維は，遅筋線維とはちがってミオグロビンやチトクロームの量が少ないため，筋線維が束になっていても赤みが少なく，白っぽく見えます。**

「赤い筋肉」と「白い筋肉」ってわけですね。

わかりやすくいえばそうですね。
ただし，速筋線維の中には，力も速度もスタミナもほどほどで中間的な性質をもつ線維もあります。その線維はミオグロビンやチトクロームの量も中間的なので，束になっているとピンク色に見えることがあります。

ポイント！

筋線維には 2 種類ある！
I 型線維（遅筋線維）
　　収縮速度が遅く，生みだす力は比較的小さいが，スタミナがある。マラソン型の筋線維。
II 型線維（速筋線維）
　　収縮速度が速く，生みだす力も比較的大きいが，スタミナがない。スプリント型の筋線維。

赤と白がほどよく混ざって「ピンク色」ってわけですね。

ただし，筋力は，筋線維の種類以前にその断面積におおよそ比例することもわかっています。
つまり，筋線維が太いほど，強い力を出せるのです。

筋線維の数は胎児期に決まる

先生，筋肉ってすごいですね。いったい私たちの体の中で，いつ，どうやってつくられるんでしょうか？

筋肉を構成する筋線維が発生の段階でどのようにできてくるのか，現時点ではくわしくはわかっていません。しかし，**発生後の約9週目から40週目のあいだの胎児期に筋線維の数が大きく増えるので，そのころに筋線維の数がおおよそ決まると考えられています。**

なるほど。

はっきりとはわかっていませんが，筋線維がどのように生まれるのかについて，もう少しお話ししましょう。
ヒトを含む動物は，精子と卵子が融合（受精）すると，**外胚葉**，**内胚葉**，そのあいだの**中胚葉**の三つが形成されます。筋線維は中胚葉の細胞群からつくられる**体節**という構造が特殊化（分化）し，徐々に筋肉になると考えられています。

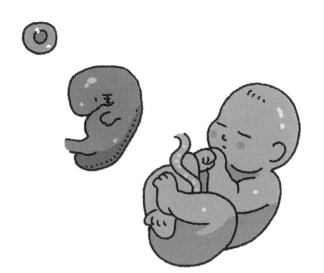

 不思議ですねえ。

 筋肉がつくられるとき，まず**筋芽細胞**という，未成熟な細胞ができ，それらが増殖し，融合して，1本の長い筋線維がかたちづくられます。ただし，一部の筋芽細胞は融合することなく，休眠状態で筋線維のまわりにとどまることになります。これが，**筋サテライト細胞**とよばれる細胞です。

この細胞は，将来，傷ついた筋線維を修復・再生するための**タネ**のような役割を果たしていると考えられています。このような，各組織で失われた細胞を補充する役割をもつ細胞を**組織幹細胞**といいます。

 筋肉が再生するためのタネまで生成されるわけですか。何だか神秘的だなあ。

そして，先ほどお話ししたように，発生後の約9週目から40週目のあいだの胎児期に筋線維の数が大きく増えて，その数でほぼ定着するわけですね。

筋肉は思春期から30歳ぐらいまでのあいだに発達していきますが，この間に筋線維の数はほぼ変わらないはずですから，それぞれの筋線維が太くなっているのだとわかります。一方，30歳を過ぎたあたりから，筋肉量は少しずつ減っていきますが，これもそれぞれの筋線維が細くなることが主な原因です。**ただし，40〜50代以降は筋線維の数も徐々に減っていくと考えられています。**

筋線維は傷つくことで成長する

先ほど筋サテライト細胞という細胞が登場しました。この細胞について見ていきましょう。

筋肉が再生するためのタネになる細胞ですよね！

その通りです。**筋サテライト細胞は，筋線維を修復・再生する細胞です。筋線維のまわりに存在しており，通常は休眠状態ですが，筋線維が傷ついたり壊れたりすると増殖して，壊れた部分を埋めるように融合するのです。**また，筋線維が壊死してしまった場合は，筋サテライト細胞が増殖し，さらに融合して，新しい筋線維に置きかわることもあるようです。

えっ，すごい！

すごいでしょう。

激しい運動をすると筋線維には細かい傷がつき，それが刺激となって成長因子という物質が細胞の外に分泌されて，眠っていた筋サテライト細胞が目をさまします。

すると，筋サテライト細胞が増殖をはじめ，それらは筋線維に融合していきます。その結果，筋線維が太くなる準備がととのうのです。

同時に，成長因子は筋線維の内部でもはたらき，そのタンパク質合成を高めます。筋力は筋肉の断面積におおよそ比例するため，こうして太くなっていくことで，より大きな力を出すことができるようになるのです。このようなしくみが基本となって，トレーニングをすると，筋力が強くなるのです。

激しい運動をしたあとは，筋肉が傷ついていて，それが治るときに筋肉がつくという話を聞いたことがありますが，そういうメカニズムなんですね。

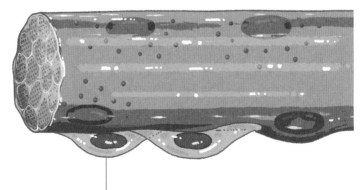

サテライト細胞

そうですね。

とはいえ，筋線維自体が分裂するわけではないので，筋肉量を増やすことは簡単ではありません。

また，先ほどもお話ししたように，筋線維の数は加齢にともなって減っていきます。皮膚などの細胞はどんどん入れかわっていきますが，筋線維はそうはいかないのですよ。

残念……。

筋線維の数がどのように減っていくのかはくわしくは解明されていません。

一般的に細胞の死に方には二つの種類があります。一つは，打撲や火傷など，突発的な外部からの刺激によって細胞が死んでしまうものです。このような死に方を**ネクローシス**といいます。

一方，遺伝情報にもとづいて，細胞が計画的に死を迎えることもあります。このような細胞の死に方を**アポトーシス**といいます。

筋線維の数が減っていくのは，主にアポトーシスが原因ではないかと考えられています。

なるほど。

筋線維の数は，遅筋線維よりも速筋線維のほうが減りやすいことがわかっています。

このため，アポトーシスは遅筋線維よりも速筋線維でおこりやすいのだと考えられます。

筋肉の中には感覚器がある！

先生，筋肉ってとんでもなく精密な機能をもっているんですね。

ええ，そうなんです。実は筋肉にはもっともっとすごい機能があるんですよ。なんと，筋肉の中には，目や耳のような感覚器もあるんです！

筋肉の中に，目や耳ぃ!?

ええ，おどろいたでしょう。
筋肉は，体の姿勢（角度）や動きの速さ，出している力などを細かく調整できるよう，その内部にはさまざまな感覚器を内包しているんです。

まさか目や耳まであるなんて……。

もちろん目や耳そのものがあるわけではなく，それらと似たはたらきをするもの，という意味ですがね。
順番にご紹介しましょう。まず，その中の一つ，<ruby>筋紡錘<rt>きんぼうすい</rt></ruby>は，筋肉の長さの変化を感知する感覚器です。
筋紡錘は筋肉の中で，筋線維と並行に配置されています。
筋紡錘は細長いカプセルのような構造をしていて，筋肉が引き伸ばされたときに，その「引き伸ばされた」という情報を中枢神経系に送っています。

すごいですね。

筋紡錘の中には細く短い筋線維（錘内筋線維）があり，周囲にある筋線維と同じように伸び縮みします。そして，筋肉が引き伸ばされるとき，錘内筋線維に巻きつくように付着している感覚神経末端部も引き伸ばされます。これにより感覚神経が興奮し，「伸ばされた」という信号を発するわけです。

伸びすぎを感知する**センサー**みたいな感じですかね。

そうですね。ちなみに，筋肉とつながっている腱にも，**腱紡錘**という感覚器があります。この腱紡錘は，発見者の名前にちなんで**ゴルジ腱器官**ともよばれます。また，外から力などが加わって，筋肉が痛み，傷ついたことを感知する感覚器もあります。その感覚器を**侵害受容器**といいます。たとえば，筋線維が傷つき，傷ついた筋線維からいろいろな物質がもれ出てくると，侵害受容器がそうした物質を感知し，痛みの感覚を中枢神経系へ伝えるのです。

筋肉の**警報装置**みたいなものですね。

そうですね。また，これまでの研究により，**侵害受容器の興奮が，運動により全身的な反応がおこる理由の一つであることがわかってきました。**たとえば，筋トレをするとアドレナリンや成長ホルモンが分泌される現象にも，侵害受容器がかかわっていると考えられます。激しい運動をすると，乳酸をはじめとしたさまざまな代謝物が筋肉でつくられます。これらが侵害受容器を興奮させ，脳に信号が送られると，脳から下垂体や副腎へ「ホルモンを分泌せよ」という指令が送られる，というわけです。

筋線維は筋肉の成長を抑える物質を分泌している!?

まだまだ，筋線維の秘密にせまっていきましょう。
筋線維にはもう一つ，不思議な機能があるんです。

不思議な？　どんな機能なんでしょう。

筋線維は，ミオスタチン（マイオスタチン）というタンパク質を分泌していることがわかっています。
ところがこれは，筋肉の成長を強く抑制するはたらきがあるんですよ。**つまり筋線維は，自分自身の成長をさまたげる物質をつくり，分泌しているんです。**

えっ，なんでですか!?

不思議でしょう？
先ほど，筋線維が傷つくと，まわりにある筋サテライト細胞が増殖し，傷ついた筋線維を修復するとお話ししました。

はい，そうやって筋肉が太くなっていくのだと。

その通りです。
でも，筋サテライト細胞がとめどもなく分裂・増殖すると，どうなると思います？

そうですね，ものすごくムキムキにるのかな……。
あ，**ムキムキが止まらなくなる!?**

そうなんです！
筋肉が異常に大きくなりすぎてしまうと，かえって生存に不都合になってしまうでしょう。そこで筋線維は，筋肉の成長をうながす成長因子だけでなく，成長を抑制するミオスタチンも分泌して，バランスをとっているのです。

なるほど～。
うまくできているなあ……。

また，近年の研究では，マウスの筋肉に強い刺激をあたえると，ミオスタチンの量が約3分の2まで減ることがわかっています。同じように，人間でも筋力トレーニングによって太くなった筋肉を調べたところ，ミオスタチンの量が半分ぐらいに減っていたと報告されています。

それはどういうことですか？

これらの結果から，筋肉に強い刺激をあたえることによって，ミオスタチンをつくるはたらきが低下するのだと考えられます。
つまりどういうことかというと，**筋力トレーニングなどの方法で筋肉に刺激をあたえることで，ミオスタチンをつくるはたらきが低下し，それによって，筋線維内でのタンパク質合成や筋サテライト細胞の増殖がおきやすくなるのです。**

そういうことか！　すごいしくみですね。
もし，ミオスタチンがまったくなければ，簡単にムキムキになれるんでしょうか？

そういうことですね。
食肉牛の中には，ふつうの牛に比べて，20％以上も筋肉がつく，筋肉隆々の品種があります。
こうした牛は，ミオスタチンをつくる遺伝子をもっていないことが明らかになっています。

そんな牛がいたとは知りませんでした。

また，さらに近年の研究では，運動などの刺激によって，ミオスタチンの量ではなく，はたらきを抑えるタンパク質がたくさんつくられるようになることもわかってきました。

「ベルジアンブルー」という品種の牛は，ミオスタチンの遺伝子に変異があるために，普通の牛の1.2倍以上の筋肉をもつ。

モーターを動かすためには電力が必要なように，筋肉が動くためにも**エネルギー**が必要になります。ここでは，筋肉が動くためのエネルギー源は何かについて，お話ししましょう。

筋肉のエネルギー源か。筋肉疲労時に飲む栄養ドリンクのCMがありますけど……。

91～95ページで，筋肉の収縮はミオシンフィラメントがアクチンフィラメントをたぐり寄せることによっておこるとお話ししましたね。その，筋肉が収縮する力を生みだすエネルギー源となるのが**ATP（アデノシン三リン酸）**という分子です。人間の筋肉のみならず，ATPはすべての生物のあらゆる生命活動に必要不可欠なものです。

ATPが，すべての生物の**"力のモト"**なのですね。

そうです。ATPは，エネルギー源であるだけではなく，エネルギーをたくわえられる物質という見方もできます。ここで，ミオシンフィラメントがアクチンフィラメントをたぐり寄せる運動を例に，ATPがどのようにはたらくのかを見ていきましょう。

はい！

まず，ATPは，アデノシンという物質に3個のリン酸基が結合した構造をしています。

ATPは，ATPを分解する酵素と結びつくと，リン酸基が1個外れて，**ADP（アデノシン二リン酸）**という物質に変わります。その際にエネルギーを放出するのです。

ポイント！

ATP（アデノシン三リン酸）

あらゆる生命活動のエネルギー源。アデノシンに3個のリン酸基 (P) が結合しており，そのうちの一つが外れるときにエネルギーを放出する。

ATPを分解してはじめて，エネルギー放出！　となるわけですね。じゃあ，ATPを分解する何らかの酵素を持ってないといけないわけですか。

はい。ミオシンフィラメントがアクチンフィラメントをたぐり寄せる力は，ATPを消費することで生まれるとお話ししました。実は，ミオシンというタンパク質には，**ATP分解酵素**という機能があります。これがATPを分解し，そのときに放出されたエネルギーを使って，アクチンフィラメントをたぐり寄せているわけです。

なるほど〜！　ATPを分解することでエネルギーを取りだしているわけなのですね……。ちょっと待ってください！　じゃあATPって，**減る一方**ではないですか!?

いいところに気づかれましたね。そうなんです。
筋肉内にたくわえられているATPの量は，それほど多く
はありません。激しい運動をすれば，すぐに使いきって
しまうほどの量です。しかし，筋肉はATPがないと収縮
できません。そこで，ADPを再びATPに戻すかたちで，
ATPを補充するのです。
これを**ATPの再合成**とよびます。

ポイント！

ATP は再合成できる！
　分解した ADP を再び ATP に戻すことにより，
ATP を補充することができる！

よかった，安心しました。それにしても，
再合成できるなんて，すごい！

そうなんですよ。
私たちの体には，ATPを補充するための三つの経路がそ
なわっています。
一つ目は，**クレアチンリン酸系**，二つ目は**解糖系**，
三つ目は**有酸素（酸化）系**です。

えーと。どれもあまり聞き慣れない言葉ですが……。

一つずつご紹介しましょう。少し専門的な内容なので，ざっくりと聞き流していただければ大丈夫です。
たとえば，100メートルを全力で走る短距離走や，重量挙げなどの瞬発的な力を出すとき，瞬間的に大量のATPが分解されるので，即座に補充する必要があります。
そんなときに活躍するのが，最も素早い補充経路である，「クレアチンリン酸系」の経路です。筋線維内にあるクレアチンリン酸という物質とADPからATPを合成する経路です。しかし，この経路によるATP合成は素早くおきるものの，それによってすぐにクレアチンリン酸を使い果たしてしまうため，あまりたくさんのATPを合成することはできません。

クレアチンリン酸系は，**即効性**があるわけですね。

そうです。
二つ目の経路「解糖系」では，筋肉の中にためられた**グリコーゲン**や，血液中にある**ブドウ糖**を材料にしてATPを合成します。解糖系は，酸素なしでATPを合成することができ，ATPの補充が比較的早いことが特徴です。
しかし，体内にあるグリコーゲンやブドウ糖の量はあまり多くないため，この経路に長時間たより続けることはできません。

解糖系は，そこそこ早いけど**長時間は無理**と。

三つ目の「有酸素系」は，ブドウ糖，アミノ酸，脂肪酸を材料にATPを生みだします。

ATPを合成するのに酸素を必要とするため，有酸素性系（または酸化系）という名がついています。有酸素系ではクレアチンリン酸系や解糖系のように素早いATPの補充はできませんが，時間がかかる分だけたくさんのATPを効率よく生みだすことができるのです。

マラソンのような持続的な運動では，有酸素系によるATPの合成がとても重要になります。

なるほど。有酸素（酸化）系は，即効性はないかわりに量が多いのか。それぞれ特徴があるんですねえ。

ポイント！

ATPを合成する経路は三つある！

クレアチンリン酸系……筋線維内のクレアチンリン酸とADPから，クレアチンとATPが合成される。

解糖系……血液や筋肉などに存在する糖質を材料としてATPを合成する。

有酸素（酸化）系……ブドウ糖，アミノ酸，脂肪酸を材料に，たくさんのATPを効率よく生みだす。

エネルギーの生産工場「ミトコンドリア」

先生，筋肉のエネルギー源はATPということはわかりましたが，そもそもATPは，体内のどこでつくられるものなのでしょうか？

ATPは，アデノシンという物質に3個のリン酸基が結合したものだとお話ししました。このATPは，筋線維に限らず，体内のあちこちにエネルギー源として存在しているわけなのですが，実は，細胞の中でATPを合成する"工場"として，大きなはたらきをしている，超重要な器官があるのです！

超重要な器官!?

そうなんです。
それがズバリミトコンドリアです！
ミトコンドリアは"エネルギーの生産工場"や"発電所"などともよばれる細胞内の小器官です。
筋線維のみならず，体内のあらゆる細胞がATPを消費し，再合成しています。その大部分のATPをつくりだす"生産工場"の役割をもつのが，ミトコンドリアなのです。

名前だけは聞いたことあります！

ミトコンドリアがどうやってATPを合成しているかをお話しする前に，ミトコンドリアそのものについて見ていきましょう。

まず，私たちの体は約37兆個の細胞でつくられています。それぞれの細胞の中には，遺伝情報をもつ核や，特定の機能をもつ構造である細胞（内）小器官が存在しています。**その細胞（内）小器官の中で，私たちの生命を支える，最も重要な器官がミトコンドリアです。**

何だかすごい器官なんですね。

ミトコンドリアは全身のほぼすべての細胞に存在しています。ミトコンドリアの総量は，体重の1割にもなるといいます。つまり体重60キログラムの人は，6キログラムものミトコンドリアをもっているのです。

ええ〜！　そんなにたくさんのミトコンドリアを!?

ミトコンドリアの「ミト」はギリシャ語で糸を意味し，「コンドリア」は粒子を意味しています。実際にミトコンドリアは直径1マイクロメートル（0.001ミリメートル）以下で糸状や粒状のかたちをしていることが多いです。そして，一つの細胞の中にはたいてい，数百個のミトコンドリアが存在し，互いに融合したり分裂したりをくりかえしながら，ダイナミックにかたちを変えていることがわかっています。

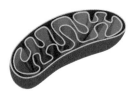
ミトコンドリアの断面図

縦横無尽に張りめぐらされたミトコンドリア

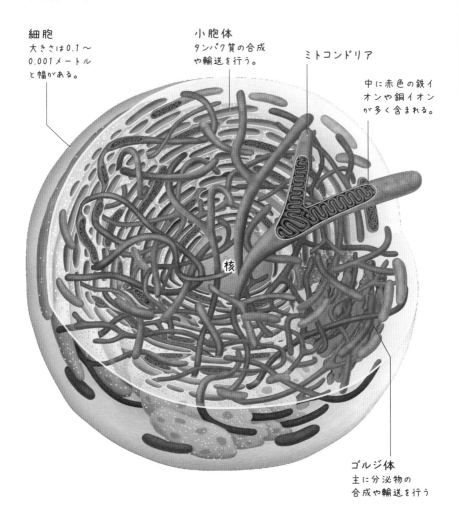

細胞
大きさは0.1〜
0.001メートル
と幅がある。

小胞体
タンパク質の合成
や輸送を行う。

ミトコンドリア
中に赤色の鉄イ
オンや銅イオン
が多く含まれる。

核

ゴルジ体
主に分泌物の
合成や輸送を行う

　面白いですね。

　しかも，ミトコンドリアどうしで物質のやりとりをしな
がら，協調してはたらいているらしいのです。

まるで，別の生き物が細胞の中で暮らしているみたいですね。

するどいですね。

実際に，ミトコンドリアをはじめとする細胞小器官はもともと別の生き物だったのではないかという考え方があり，**細胞内共生説**とよばれています。あくまで説ですが，ミトコンドリアについては，ほぼまちがいなくそうだろうといわれています。また，一つ一つのかたちや大きさはさまざまなので，数よりも量（総体積）が重要です。一般的に，**エネルギーをたくさん使う細胞ほどミトコンドリアの量が多く，ヒトの場合，心筋細胞や，遅筋線維で多いことがわかっています。**

ミトコンドリアで「ATP」を合成！

ではあらためて，ミトコンドリアがどのようにしてATPを合成しているのかを見ていきましょう。

まず，私たちの体内では，食べ物のもつエネルギーを直接生命活動に使うことができません。そのため，食べ物のエネルギーを材料に，ATPを合成します。

そして，体はATPを直接のエネルギー源として，さまざまな生命活動を行っています。

この，**食べ物のエネルギーを材料にATPを合成することが，ミトコンドリアの役割です。**

食べ物から摂取した栄養分が材料になるわけですね。

ATPをつくりだすのは，ミトコンドリアの内膜という場所にある**ATP合成酵素**というタンパク質です。

ATP合成酵素がATPをつくるしくみは，**水力発電**に似ています。水力発電は，ダムにためた水が流れ落ちる勢い（エネルギー）を使って**水車（タービン）**を回し，発電します。一方，ミトコンドリアは，食べ物に由来するエネルギーで**水素イオン**を内膜の外側に運びだし，そこに水素イオンをためます。

そして，ためた水素イオンがATP合成酵素の中を通って内膜の内側（マトリックス）へと流れる勢いで，ATP合成酵素内の"タービン"が回転して，ATPをつくるのです（118-119ページのイラスト）。

ミトコンドリアの中では，そのような水力発電みたいなことが行われているんですね！

はい。ATP合成酵素の存在は，1960年代にはすでに明らかになっていたものの，どのようにATPをつくるのかという問題は，長いあいだ世界中の研究者を悩ませてきました。しかし，アメリカの化学者**ポール・ボイヤー**（1918〜2018）が，「ATP合成酵素が回転してATPをつくる」という**回転説**をとなえ，1997年に東京工業大学（当時）の**吉田賢右博士**らのグループがその様子を撮影することに成功し，これが証明されたのです。

だって，ミトコンドリアってものすごく小さいですよね。細胞の中にあるんですから……。そんな中で，そのような水力発電みたいなことが行われているなんて信じられないですが……。

ATPをつくるしくみ（1〜4）

食べ物を分解することで得たエネルギーで，水素イオンをミトコンドリアの外側に
ため込む（1）。水素イオンが内部へと流れる勢い（エネルギー）を利用してATP
合成酵素の"タービン"が回り（2），連結している軸が回転する（3）。軸の動
きで，タンパク質の構造が変わることで，ADPとリン酸が結合し，ATPができる（4）

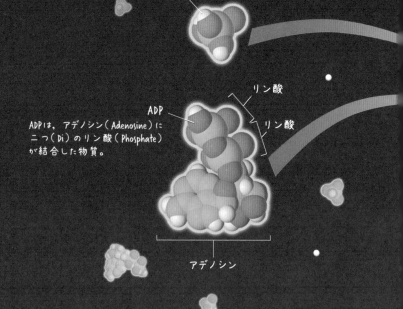

水素イオン

1. 内膜の外側に水素イオンをためる

食物を分解することで得たエネルギーで，ミ
トコンドリアの内膜の外側に水素イオンをた
める。この過程で酸素が消費される。

内膜

リン酸

リン酸

ADP

リン酸

ADPは，アデノシン（Adenosine）に
二つ（Di）のリン酸（Phosphate）
が結合した物質。

アデノシン

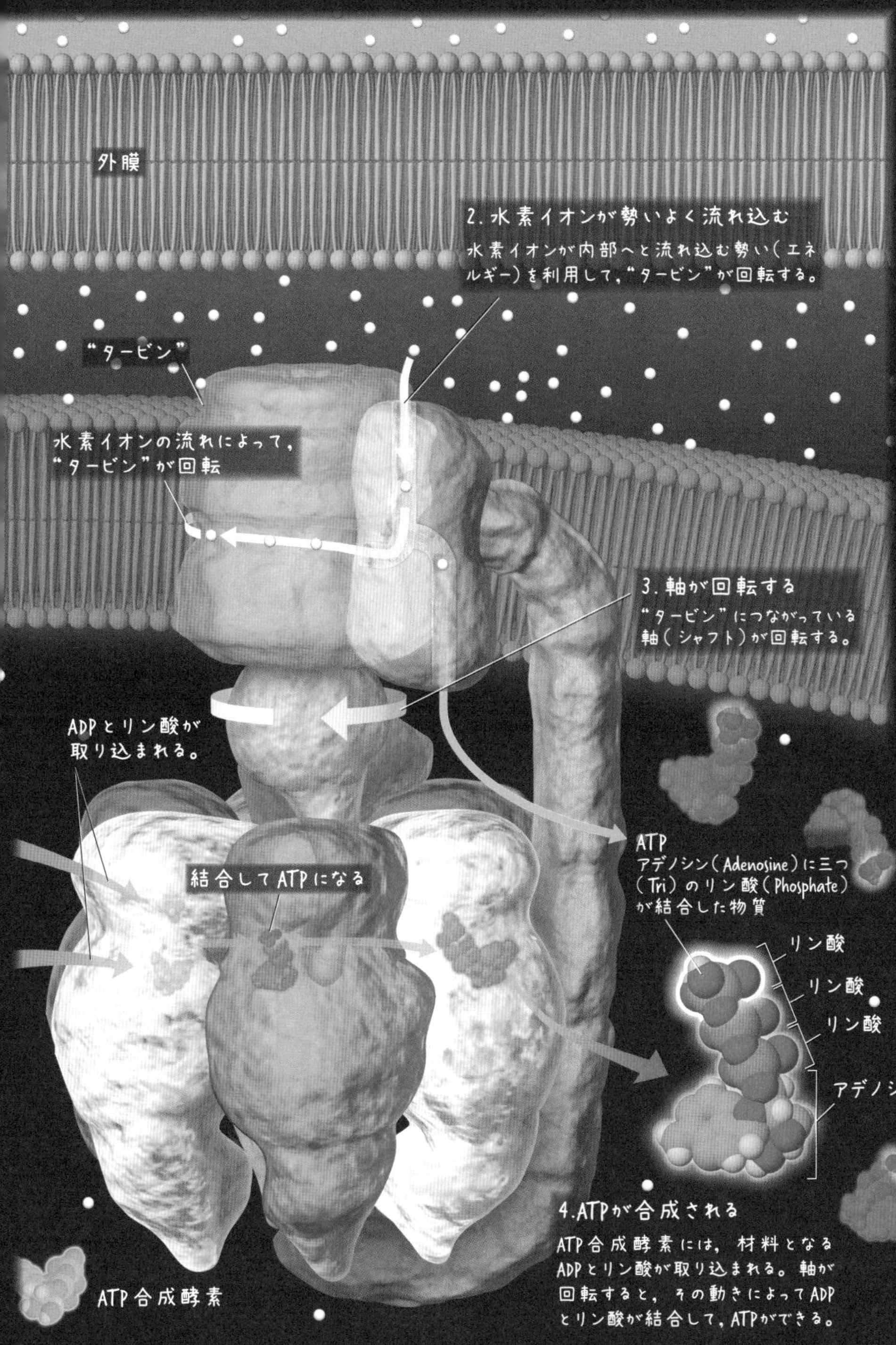

外膜

2. 水素イオンが勢いよく流れ込む
水素イオンが内部へと流れ込む勢い（エネルギー）を利用して、"タービン"が回転する。

"タービン"

水素イオンの流れによって、"タービン"が回転

3. 軸が回転する
"タービン"につながっている軸（シャフト）が回転する。

ADPとリン酸が取り込まれる。

結合してATPになる

ATP
アデノシン（Adenosine）に三つ（Tri）のリン酸（Phosphate）が結合した物質

リン酸
リン酸
リン酸
アデノシン

ATP合成酵素

4. ATPが合成される
ATP合成酵素には、材料となるADPとリン酸が取り込まれる。軸が回転すると、その動きによってADPとリン酸が結合して、ATPができる。

ミトコンドリアで決まる「持久力」と「耐久力」

ここからは，私たちの健康とミトコンドリアの関係について見ていきましょう。
トレーニングを行うと，運動能力はアップします。でも，そこには筋肉量が増えることだけではなく，ミトコンドリアの増加も大きくかかわっています。

そうなんですか!?

筋線維（筋細胞）の中のミトコンドリアが増えれば，一つの筋線維内でより多くのエネルギー（ATP）をつくることができます。その結果，筋線維は長期間疲れずに動きつづけることができます。
つまり，ミトコンドリアが増えると，筋肉の持久力が上がるのです。

おお，たしかに！
ところで，ミトコンドリアって，増えるんですか？

そうなんですよ。
私たちが筋肉を使うとき，筋線維ではATPがたくさん消費されます。ATPがどんどん消費されると，筋線維の内部はエネルギーが足りないという，一種の飢餓状態になってしまいます。
そして，「エネルギーが足りない！」という非常事態を受けて，核の中にある一部の遺伝子が活性化します。

すると，ミトコンドリアの部品となるタンパク質やDNA
などが，細胞の中で合成され，既にあるミトコンドリア
や分裂したミトコンドリアの中に組み込まれていきます。
その結果，ミトコンドリアの体積が増えていくのです。
（次のページのイラスト）。

なるほど〜！

ミトコンドリアの体積を増やすには，適度な有酸素運動
（ジョギングなど）を続けるのがよいとされています。
ただし，運動を中止してしまうと，1か月ほどで元の量に
もどってしまうといいます。

やっぱり継続的にコツコツと運動しないとダメなんですね。

そうですね。それから，加齢とともに，ミトコンドリア
の量は少しずつ減ってしまいます。

ガク〜。

次の章では，効果的な筋肉の鍛え方をご紹介します。
筋肉は年をとっても鍛えて増やすことができますから，
大丈夫ですよ！

運動すると，ミトコンドリアが増えるしくみ（1〜5）

運動をするとき，ATPを消費して筋肉を動かす（1）。運動が続き，細胞内のエネルギーが消費されて飢餓状態になると（2），核内の遺伝子がはたらき（3），ミトコンドリアのタンパク質が合成されたり，ミトコンドリアDNAが複製されたりして（4），ミトコンドリアの体積が増えていく（5）。それによって，たくさんのエネルギーをつくることができるようになり，持久力が上がる。

骨格筋

筋束

筋線維（筋細胞）

核

1. 筋線維はATPを分解して収縮する

筋線維の中にある「ミオシン」というタンパク質がATPを分解することで，すべり運動がおこる（A-1〜A-4）。

ミオシンフィラメント

A-1. ATPがADPとリン酸に分解されるときのエネルギーにより，ミオシンの構造が変化する。

A-2. ミオシン頭部は，少し先のアクチンを"つかむ"。

ATP

アクチンフィラメント

ADP

A-3. ADPとリン酸がはずれるとミオシンフィラメントがアクチンフィラメントを"たぐり寄せる"。

リン酸

ADP

リン酸

A-4. アクチンフィラメントがスライドすることで筋線維全体が縮む。

5. ミトコンドリアの量が増える

合成されたタンパク質やDNAが既存のミトコンドリアや分裂したミトコンドリアに組み込まれ、ミトコンドリアの量（体積）が増えていく。

ミトコンドリア

ミトコンドリアの量（体積）が増える

DNAが複製される

合成されたタンパク質

4. ミトコンドリア内でも部品がつくられていく

ミトコンドリアの中でも一部のタンパク質がつくられていく。また、DNAも複製される。

アクチンフィラメント

部品となるタンパク質

ミオシンフィラメント

核

AMPキナーゼ

3.「ミトコンドリアを増やせ！」という指令が核に伝わる

AMPキナーゼが核内の特定の遺伝子を活性化すると、ミトコンドリアを構成する部品が細胞内でつくられはじめる。

ADPが分解されてできたAMP

2. 筋線維が一種の飢餓状態になる

激しい運動によって筋線維内のATPが不足してくると、ADPまでもが分解され、AMPとリン酸が生じる。すると、「AMPキナーゼ」というタンパク質がたくさん作られるようになる。

123

筋肉収縮のメカニズムを発見,

アルベルト・フォン・セント＝ジェルジ

ビタミンCなどの発見によってノーベル賞を受賞

　筋肉が収縮するためには，ミオシンとアクチンという2種類のタンパク質とエネルギー源となるATPが必要です。アルベルト・フォン・セント＝ジェルジは，この現象を発見したハンガリー出身の生化学者です。

　1893年，ハンガリーのブダペストに生まれたセント＝ジェルジは，叔父がブダペスト大学の解剖学教授だったこともあり，ブダペスト大学に入学しました。卒業後は，いくつかの大学での研究を経て，ケンブリッジ大学で博士号を取得しています。1931年には，王立フェレンツ・ヨージェフ大学で研究の仕事につきました。ここで彼は，土地で採れるパプリカから，「ビタミンC」を発見しました。

　1937年には，ビタミンCとフマル酸の触媒作用などの「生物学的燃焼」に関する研究が認められ，ノーベル生理学・医学賞を受賞しました。

筋肉が収縮する基本メカニズムを発見

　1938年，セント＝ジェルジは研究員のシュトラウブ・ブルノーとともに，筋肉の収縮がアクチンとミオシンという二つのタンパク質によっておきていること，そのためのエネルギー源としてATPが使われていることを発見しました。筋肉が収縮するメカニズムの最も基本的な部分を解き明かしたこの大発見は，今日の医学やスポーツ科学の発展の礎となるものでした。

混乱の時代を生き抜く

　しかし混乱の時代が訪れます。ファシズムがハンガリーで広まるようになると，セント＝ジェルジはユダヤ系の知人を国外に逃がすための活動を開始しました。それだけでなく，第二次世界大戦の終わりころには，ヒトラーが率いるドイツの同盟国として戦っていたハンガリーと連合国との終戦交渉のために，トルコのイスタンブールに向かいました。これがヒトラーに知られ，セント＝ジェルジは終戦までハンガリーに帰国できなくなってしまいました。

　戦後，セント＝ジェルジは祖国ハンガリーに戻り，ブダペスト大学教授に就任しましたが，1947年にアメリカへ亡命します。その後も筋肉についての研究を続け，がんの研究にも邁進し，1986年に93歳でこの世を去りました。

2

時間目

筋肉を鍛えよう

筋肉と健康との深～い関係

近年，私たちの健康には筋肉が重要なかかわりをもっていることがわかってきました。筋肉を鍛えることは，運動能力の向上だけでなく，健康維持のためにもとても重要なことなのです。

筋肉のタイプが血糖値に関係している！

 冒頭でお話ししたように，筋肉は私たちの体を動かすだけではなく，健康維持のために重要な役割をになっていることがわかってきました。
筋肉の鍛え方についてお話しする前に，筋肉が健康にどのようにかかわっているのかを見ていきましょう。

 よろしくお願いします！

 まず，筋肉は血糖値に深いかかわりがあることがわかっています。

 血糖値に!?

 はい。血糖値について簡単に説明しておきましょう。
血液中には糖類の一種であるブドウ糖（グルコース）が豊富にあります。

食物から摂取した炭水化物が消化されてブドウ糖となり，血液に入って，体中を循環しているわけです。
この，血液中に存在するブドウ糖の濃度が血糖値です。

はい。

ブドウ糖は，体が活動するためのエネルギー源として重要なもので，とくに脳の活動には必須であることがわかっています。しかし，いくら必須とはいえ，血糖値が必要以上に高いと，有害な影響をおよぼすことになります。**たとえば，血液の流れが悪くなったり血管がもろくなったりして動脈硬化が引きおこされ，脳梗塞や心筋梗塞といった生活習慣病のリスクが高まるのです。**

こわいですね。

そうですよ。この血糖値の調整を行うために放出されるのがインスリンとよばれるホルモンです。インスリンは，血液中のブドウ糖を肝臓の細胞や脂肪細胞，骨格筋細胞に取り込むようにうながします。

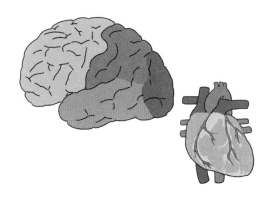

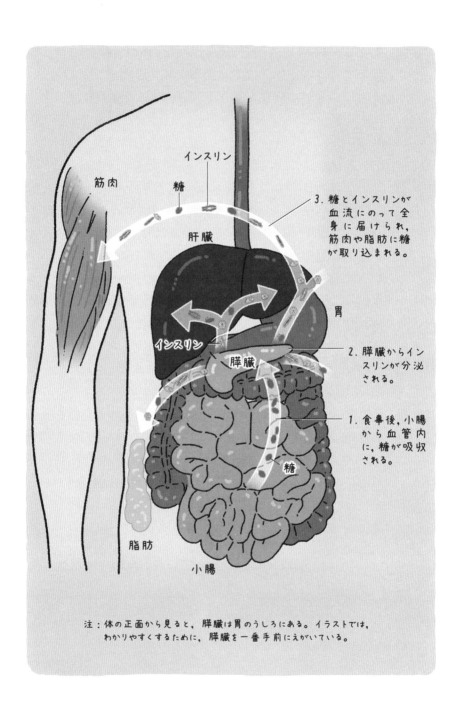

筋肉

インスリン

糖

肝臓

インスリン

膵臓

胃

脂肪

小腸

糖

3. 糖とインスリンが血流にのって全身に届けられ、筋肉や脂肪に糖が取り込まれる。

2. 膵臓からインスリンが分泌される。

1. 食事後、小腸から血管内に、糖が吸収される。

注：体の正面から見ると、膵臓は胃のうしろにある。イラストでは、わかりやすくするために、膵臓を一番手前にえがいている。

しかし，肥満などが原因で，インスリンが効きづらくなり，細胞にブドウ糖があまり取り込まれなくなることがあります（インスリン感受性の低下）。こうして，血糖値が高い状態が続くのが糖尿病（Ⅱ型）です。

だから糖尿病の患者さんはインスリン注射が必要なのですね。

そうなんです。
ちょっと前置きが長くなりましたが，本題にもどりましょう。私たちの筋肉には2種類の異なる細胞（筋線維）があって，その割合は人によって少しずつ違います。**実は，これが生活習慣病のかかりやすさと関係していることがわかってきています。**

本当ですか!?

ええ。一つはⅠ型線維（遅筋線維），もう一つはⅡ型線維（遅筋線維）といいます。そして，Ⅱ型線維はさらにⅡa線維（速筋酸化型線維）とⅡx線維（速筋解糖型線維）に分けられます。それぞれのタイプの筋線維がどれくらい含まれているのかは人によって，またどこの筋肉かによってもちがいます。たとえば，ある調査では下記のような分布になっています。

> Ⅰ型線維：15 ～ 85%
> Ⅱa 線維：5 ～ 77%
> Ⅱx 線維：0 ～ 44%

こうした個人差（筋肉のタイプのちがい）は，持久系と短距離系のどちらに向いているかなどの運動能力のほか，肥満，脂質異常症，Ⅱ型糖尿病，高血圧などの生活習慣病の発症のしやすさなどにも影響するようなのです。

自分がどのタイプの筋肉が多いかわかれば，向いているスポーツだけじゃなくて，生活習慣病にかかりやすいかどうかもわかってしまうわけですか？

そうなんです。
というのも，筋肉は非常に代謝活動が活発です。安静時の総エネルギー消費量の約4分の1を占め，活動時のエネルギー消費量を含めた総エネルギー消費量では 30 〜 40% を筋肉が占めているのです。よく運動をした日はこの割合がさらに高くなることもあります。

すごい消費量ですね！
でも，それがなぜ，生活習慣病のかかりやすさにかかわっているんですか？

Ⅰ型線維とⅡa線維の筋肉はⅡx線維よりも疲れにくく，またエネルギーを生みだすときに，脂肪酸をよく利用します。このため，これらの筋線維を頻繁に使うことで体脂肪量が減少し，その結果としてインスリン感受性の改善（インスリンがよく効くようになること）がおこるのです。実際に，**海外の研究では[※1]，インスリン抵抗性や肥満などの心血管疾患の危険因子を有する人は，筋肉の特性が普通の人と異なっていると報告されています。**

具体的には，筋線維内の毛細血管の密度や，エネルギー代謝の特性，ブドウ糖の取り込み能力などが，糖尿病や肥満により変化するといわれています。

また，ほかの研究[※2]では，I型線維の割合が低いことが，肥満およびインスリン抵抗性の発症の危険因子であることが示されています。

自分の筋肉のタイプを知ることは大事なのですね。

そうですね。

もし自分の筋肉が生活習慣病になりやすいタイプであったとしても，トレーニングなどにより，筋肉の特性は変えることができます。

加齢とともに筋肉が減っていく「サルコペニア」

加齢によって，筋肉量や筋力は徐々に減少していきます。これはサルコペニア（筋減弱症）とよばれていて，近年注目を集めるようになっています。

筋減弱症ですか。加齢による筋肉量や筋力の低下は，ごく自然なことだと思っていました。

そうですね。

もともとはそういう意味だったようですが，2016年に国際疾病分類にサルコペニアが登録されたため，現在では疾患として位置付けられています。

※1：Bassett Jr., D.R., 1994. Skeletal muscle characteristics: relationships to cardiovascular risk factors. *Med. Sci.Sports Exerc*. 26, 957–966.
※2：Gerrits *et al*., 2010; Lillioja *et al*., 1987; Sun *et al*., 2002; Tanner *et al*., 2002

だいたい40歳を境に，筋肉量と筋力の低下がはじまると考えられています。**また，筋肉量の低下を上まわるほど急激に筋力が低下し，日常生活にさしつかえるほどの状態になってしまうことがサルコペニアになるとよくおこります。**

A. 若者の筋肉　　　B. 高齢者の筋肉

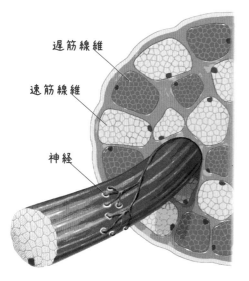

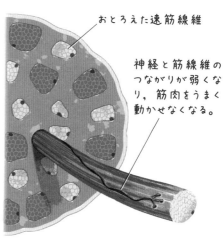

遅筋線維

速筋線維

神経

おとろえた速筋線維

神経と筋線維のつながりが弱くなり，筋肉をうまく動かせなくなる。

運動量も減ってしまうから，さらに筋肉量や筋力が低下しそうですね。

その通りです。
ですからサルコペニアになると，**ロコモティブシンドローム**（立ったり歩いたりする運動機能が低下した状態）や，**フレイル**（心身ともにおとろえて，介護が必要になる前段階）にもなりやすいのです。

ポイント！

サルコペニア

　加齢によるり筋肉量と筋力が低下すること。

フレイル

　心身がおとろえて，介護が必要になる前の段階。肉体的なおとろえだけでなく，精神的なおとろえや社会的活動の減少なども認められる状態。

それはこわいですね！
どうにかして防ぐことはできないのでしょうか？

加齢により筋肉量が減るメカニズムはまだよくわかっていません。一方，筋肉量以上に急激な筋力の低下をもたらす原因として考えられているのは，筋線維と筋線維の隙間にある脂肪細胞や結合組織の割合が増えたり，性質が変化したりすることです。

筋肉の質も変わってしまうわけですか？

そうですね。
脂肪細胞や結合組織が自ら力を出すことはないので，これらの割合が増えると「見かけの筋肉量の割に筋力が小さい」ということがおこります。
また，このような筋肉の質の変化は，加齢だけではなく，あまり動かないでいることも原因となるようです。

サルコペニアになれば運動量も減るでしょうから，余計に筋肉の質が変化してしまいそうですね。

はい。そして，**サルコペニアは，実は肥満とも大きく関係しています。**先ほど筋肉はエネルギーをよく消費するとお話ししました。筋肉量が少なければ，消費するエネルギーも少なくなりますから，サルコペニアになると脂肪がつきやすくなります。運動量が減ればこの傾向はさらに顕著になります。

ううむ。**負の循環**ですね。

このことからも，**高齢になればなるほど，筋肉を鍛える必要性が高まる**といえるでしょう。

筋肉の鍛錬は脳にも関係する！

続いて，筋肉と脳との関係についても見ていきましょう。
近年，運動をすると気分が高揚する，**やる気が出る**などの効果が注目されています。

筋肉を鍛えることは脳にもいいんですか！

そうなんですよ。**とくに運動が，記憶をつかさどる海馬に影響をあたえていることが示されています。**実は運動をすると，脳由来神経栄養因子（BDNF）という物質が脳内で増えるようになります。
すると，脳の神経細胞（ニューロン）が増えたり，神経細胞のネットワークが密になったりするのです。

運動すると**脳が活性化**するんですね！

そうです。
2018年に東京大学から次のような研究が発表されました。ネズミに麻酔をかけて眠らせ，電気刺激で筋肉を収縮させて，脳の海馬でBDNFが増えるかどうかをためす実験を行ったのです。この結果，**強度の高い電気刺激をすると，筋肉から何らかの信号が脳に送られ，それによって，海馬の中でBDNFが増える**ことがわかりました。

すごい！ 　筋肉を動かすと，筋肉自身が，脳を活性化する信号を発するというわけですね。

そういうことですね。

この実験ではマウスは眠っていましたが，実際に運動をするときには，脳自体も非常に活発にはたらきます。そのため，私たちが運動をすると海馬のBDNFがさらに増えることも十分考えられます。

このように，運動により筋肉を使うことは学習効果を増強したり，認知症を防いだりする効果をもたらす可能性が高いのです。

筋肉はさまざまなホルモンを分泌している！

筋肉を鍛えることの メリット はほかにもあります。**筋肉は血液中にあるブドウ糖を取り込むはたらきがあるので，筋肉を使ったり筋肉量が増えたりすると血糖値が安定しやすくなります。**実際に，筋トレをすると糖尿病の改善に効果があるとする報告があります。

すごいですね！

それから筋肉の細胞からは，100種以上の マイオカイン とよばれるホルモンが分泌されていることがわかっています。近年，**マイオカインの中には，筋肉を使ったり増やしたりすることで分泌量が増え，慢性的な炎症を抑制したり，血糖値を下げたりするなど，全身の健康によい効果をもたらすものがあることがわかってきています。**

筋肉自体が，ホルモンを分泌しているわけですか!?

そうなんですよ。たとえば，白血球などから分泌され，炎症反応を調節して病原体を排除するIL-6（インターロイキン6）という物質があります。**実は，筋肉を使うと筋肉細胞からもIL-6が分泌され，白血球から分泌された場合とはことなる作用を発揮することがわかってきています。**筋肉由来のIL-6は，筋肉だけでなく血管や他の臓器にも作用し，炎症を抑えたり，脂肪や糖の分解をうながしたりするようです。

ポイント！

筋肉が分泌する長生きホルモン
「マイオカイン」

IL-6 …… 炎症を抑える・脂肪や糖の分解をうながす。

すごすぎる！

筋肉を鍛えることって，実はいろいろな理由で健康の役に立っているんですね。

その通りです。さらに，骨量を増やすマイオカインもあり，これも筋トレによって分泌が増加することがわかってきているんですよ。

筋トレは**絶対にやらないとダメ**ですね！

筋収縮の数理モデルを確立,

アンドリュー・フィールディング・ハクスリー

知的名門の家系に生まれる

　　アンドリュー・フィールディング・ハクスリーは,　第一次
世界大戦のさなかの1917年,　ロンドンに生まれました。

　　彼の祖父は動物学者で,　ダーウィンの進化論を擁護した著
名な動物学者トーマス・ハクスリーで,　異母兄には小説家の
オルダス・ハクスリーや,　動物学者でユネスコ事務局長も務
めたジュリアン・ハクスリーがいました。

　　そうした環境もあってか,　ハクスリーは学問の世界に身を
投じるようになり,　ケンブリッジ大学で数学や物理,　化学を
学び,　その後本格的に生理学の研究を行いました。

イオンチャンネルの発見

　　第二次世界大戦中のハクスリーは軍事の研究にたずさわり
ましたが,　その合間をぬって,　同じくイギリスの生理学者
アラン・ロイド・ホジキンとともに,　イカの神経細胞を使い,
ボルテージクランプという電気生理学的な方法で,　細胞を流
れる微弱な電気信号(活動電位)の記録を続けました。

　　そして彼らは,　ナトリウムイオンの変化によって神経細胞
の興奮と抑制がおきるしくみイオンチャンネル仮説を確定し
ました。この研究結果は1952年に発表され,　1963年に
ノーベル生理学・医学賞を受賞します。

筋収縮の数理モデルを発表

　　一連の神経細胞の研究を終えた後,　ハクスリーは,　骨格筋

の研究に着手し,「筋収縮の滑り説」を提唱しました。さらに,滑り説にもとづいた筋収縮の数理モデルも発表しました。その後の研究によって,ハクスリーのモデルは少しずつ修正されていきましたが,基本的な考え方は現在も変わっていません。神経細胞が興奮するしくみもそうですが,計測技術も十分でなかった時代に本質をとらえた数理モデルを作成したハクスリーの洞察力は,驚くべきものであったといえます。

　これらの功績によって,ハクスリーは1955年二ロンドン王立協会のフェローに選ばれ,1974年にはエリザベス女王からナイトの称号を叙されました。

　ハクスリーは2012年,がんのためこの世を去りました。94歳でした。

筋トレのススメ

筋肉を鍛えるには，その目的や意義をよく理解しておくことが大切です。ここでは，筋肉が鍛えられるしくみや筋トレをするにあたってのポイントについて見ていきましょう。

筋トレの役割とは？

筋肉が，運動能力だけではなく，健康にも深い関係があることはおわかりいただけたでしょうか。
ここからは，筋トレの役割や意義について，くわしくお話ししましょう。これらを理解していたほうが，より効果的な筋トレができますからね。

ここまでお話を聞いてきて，もう「割れた腹筋」とか「分厚い胸板」とかはさておき，健康のために筋トレをしなくてはという切実な気持ちになっています！

フフフ，いいですね！　まず，**いわゆる筋トレ（筋力トレーニング）とは，筋肉の量の維持や増大を目的とした「高強度運動」の一種です。高強度運動では，大きな負荷をかけることで，短時間のうちに大量のATPが消費されます。このとき，ATPを補給するためのエネルギー源となるのは，主に糖質です。**高強度運動では，筋肉に大きな負荷がかかるため，長時間続けることはできません。

筋トレのポイントは，運動の強度が高く，時間が短いことなんですね。

そうです。
一方，ウォーキングのほか，軽いジョギング，エアロビクス，サイクリング，水泳などは負荷の小さな低強度運動で，長時間続けて行う場合には持久的運動ともよばれます。低強度運動では糖質だけでなく脂質もよく消費されます。

そのちがいを理解しておく必要がありますね。

ポイント！

筋トレとは，筋肉の量を維持・増やすことを目的とする高強度運動のこと！

高強度運動
短時間のうちに大量のATPを消費する運動。糖質が主なエネルギー源。

ex. 筋力トレーニング，ウェイトリフティング，短距離走など。

低強度（持久的）運動
長時間続けられる運動。糖質と脂質の両方がエネルギー源になる。

ex. ウォーキング，軽いジョギング，エアロビクス，サイクリング，水泳など。

エアロビクスダンスやサーキットトレーニングなど，どちらに分類するかむずかしいものも中にはありますが，一般的に低強度運動を続けていても大きく筋肉が増えることはありません。

なるほど。「筋肉の量を増やすぞ！」といって軽めのジョギングをはじめても効率が悪いということですね。

そうですね。ウォーキングなどの一般的な有酸素運動を日常的に行っているだけでは，筋肉量は40歳ごろから加齢とともに減りはじめ，高齢期になると減少が顕著になってきます。

「毎日歩いてるし」といって，安心してはダメですね。

その通りです。
しかし！　　中高年期以降も，適切な筋トレによって「減った筋肉を増やす」「筋肉が減るのを食い止める」ことが可能です。それどころか，**フレイルとなった高齢者でも，専門家の指導のもとでしっかり筋力トレーニングをすれば，若者と同じように筋力をアップさせることが可能であるという研究結果もあるのです。**

本当ですか！

筋トレをするにあたってとくに重要なのは，太ももの前側，お尻，腹まわり，背中などの**大きな筋肉**です。サルコペニアやフレイルを予防して健康寿命を伸ばすには，これらの筋肉を鍛え，維持することが重要です。

はじめは無理なく，コツコツ続けることが大事！

先生，がぜんやる気がわいてきました！
今すぐにでも**筋トレをはじめたいです！**
まず何からはじめればいいですかね!?

そうですねえ，筋肉を鍛えることはもちろん大事ですが，
運動不足の人がいきなり激しいトレーニングをするのは，
体を痛める危険があります。また，嫌になって続かなく
なる可能性もあります。
まずは，肥満や生活習慣病を防ぎ，健康的な体をつくる
ことを目指して，健康づくりのために必要な運動量を知
ることからはじめてほしいですね。

ガクッ！

現在，厚生労働省から「健康づくりのための身体活動基準2013」というものが示されています。この中で，望ましい身体活動量を示すために，活動の強度を，安静時のエネルギー消費速度を基準にあらわす**メッツ（METs）**という単位が用いられています。

たとえば座って安静にしている状態が1メッツ，普通の速さで歩くと3メッツ，ジョギングであれば7メッツといったぐあいなのですが，実験データを元に一覧表もつくられています。

おおっ！
これは便利かもしれませんね！

運動の強さと消費カロリーの一覧表（主なもの）

3メッツ未満の活動内容（「活発な身体活動」の目標値に含めない）	
1.0メッツ	静かに座っている状態
1.3メッツ	座って本や新聞を読む
1.8メッツ	立った状態での会話
2.0メッツ	料理や洗濯などの軽い家事

3メッツ以上の生活活動（「活発な身体活動」の目標値に含める）	
3.0メッツ	普通の速さでの歩行，子どもの世話
3.5メッツ	モップがけ，軽い荷物運び
4.0メッツ	サイクリング（時速16km未満），階段を上る（ゆっくり）
5.0メッツ	かなり早歩き（速く＝分速107m）
8.0メッツ	重い荷物の運搬

3メッツ以上の運動（「活発な身体活動」の目標値に含める）	
3.0メッツ	ボウリング，バレーボール，太極拳
3.5メッツ	筋力トレーニング（軽・中等度），ゴルフ
4.0メッツ	卓球，ラジオ体操第1，パワーヨガ
5.0メッツ	野球，ソフトボール，バレエ（モダン，ジャズ）
7.0メッツ	ジョギング，サッカー，スキー
7.3メッツ	テニス（シングルスの試合）
8.0メッツ	サイクリング（時速20km）

運動による消費カロリーの値（体重70キログラムの場合）	
早歩き10分（0.7エクササイズ） ………………………………	35kcal
水泳10分（1.3エクササイズ） …………………………………	85kcal
ランニング15分（2.0エクササイズ）…………………………	130kcal
テニス（シングルス）20分（2.3エクササイズ）……………	145kcal
カートを使ったゴルフ1時間（3.5エクササイズ）…………	185kcal

出典：「健康づくりのための身体活動基準2013」（厚生労働省）

また，**エクササイズ（Ex）**という単位もあります。これは，身体活動の量をあらわすもので，**「エクササイズ＝メッツ×活動した時間」**で求められます。たとえばジョギング（7メッツ）を30分間（0.5時間）行った場合は，「7×0.5＝3.5エクササイズ」となります。

では，メッツの一覧表を使って身体活動量を計算すればいいわけですね。

はい。**厚生労働省の基準では，健康な体を維持するために必要な活動量として，1週間につき23エクササイズ以上の「歩行又はそれと同等以上の強度の身体活動」を目標とされています。**
ただし，この「歩行又はそれと同等以上の強度」とは3メッツ以上のことなので，そこは注意が必要です。
たとえば23エクササイズを普通の速さで歩くことで達成しようとするなら，8時間弱かかることになります。

なるほど。1週間に8時間だから，1日に1時間10分以上歩いていればいいということか。毎日4キロメートルぐらい歩くことを目標にすれば達成できるかな……。

そうですね。また，**1週間に，4エクササイズ以上の「運動」を行うことも目標とされています。**ここでいう「運動」というのは，生活や仕事などの活動以外で，ジョギングやテニスなど，意図的に行う3メッツ以上の活動のことです。

なるほど。
運動＝意図的な活動というわけですね。

そういうことです。時間としては、**18 〜 64歳の人で1日60分の身体活動と毎週60分の運動（65歳以上の人で1日40分の身体活動）が目標とされています。**この目標を達成するために、「今より10分多く、体を動かそう」という、『＋10（プラステン）』もあわせて提唱されています。

まずは少しずつ、体を動かす時間を増やしていけばいいのですね。

そうですね。
以上の目標を、歩くことだけで達成しようとすると1日に8000〜1万歩になります。
日本人の1日平均歩数は、新型コロナ流行前の統計で、男性が8202歩、女性で7282歩だということですから、「＋10」を意識すれば十分達成できる数字だと思います。

ポイント！

筋トレをはじめる前に、健康づくりに
必要な身体活動量を知ることが大事。

健康づくりのための身体活動基準 2013
　1 日 60 分（65 歳以上の人は 40 分）の身体活動と
　1 週間に合計 60 分の運動が目標。

筋肉が太くなるしくみ

 筋トレは，筋肉量の維持と増加を主な目的とするトレーニングです。ここでは，筋トレにより筋肉が太くなるメカニズムについて見ていきましょう。

まず，**筋肉が太くなる（肥大する）とは，筋線維のなかでアクチンやミオシンなどのタンパク質がたくさん合成されて筋線維そのものが太くなる，ということです。**

> **ポイント！**
>
> 筋肉が太くなる（肥大する）
> ＝筋線維の中でタンパク質が合成さ
> れ，筋線維が太くなること。

 一般にタンパク質は，細胞の核の中にある遺伝情報（DNA）をもとにして，**リボソーム**という，細胞の中にある小器官で合成されます。

リボソームは，タンパク質を生産する工場といえるもので，設計図（遺伝子）をもとに，タンパク質を合成します。

 つまり，リボソームでタンパク質の合成が行われるんですね。

その通りです。**そしてトレーニングによって筋肉を何度も収縮させると，筋線維内のリボソームが活性化し，その結果，タンパク質の合成が盛んになるのです。**この活性化は，トレーニングの数時間後に最大となりますが，1日近く続くこともあると考えられています。

また，**トレーニングを継続的に行うと，リボソームの数も増えることがわかっています。**要するに，タンパク質の生産設備の拡大が行われるのですね。定期的な運動によって，リボソームの数を増やすことも，筋肉を太くするためには重要だと考えられます。

なるほど〜！

ただし，筋線維の内部ではタンパク質の分解も同時におきていますから，トレーニングを休止してしまうと，タンパク質の合成量と分解量のバランスが通常にもどり，筋肉の量もやがて元にもどってしまいます。

継続していないとダメなんですね。

そうですね。ところが面白いことに，**過去に鍛えていた人がトレーニングを再開すると，比較的速やかに元の筋肉量にもどるといいます。**これは筋肉の記憶（マッスルメモリー）とよばれています。

筋肉の記憶？

ええ。このメカニズムはよくわかっていないのですが，サテライト細胞が関係するのではないかといわれています。

151

筋肉が傷つくと活性化されて，傷を修復してくれる細胞です
よね！

 そうです。サテライト細胞は筋トレでも活性化されて，
隣にある筋線維に融合するのです。
その結果，筋線維の中に新しい細胞核が増えることにな
ります。タンパク質を合成するには，核のなかのDNAが
設計図としてどうしても必要なので，核の数は多い方が，
タンパク質を合成しやすくなるようです。

筋肉が太くなるしくみ

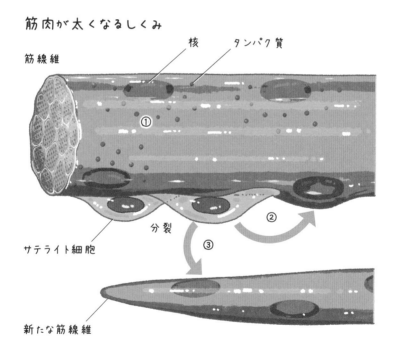

①筋線維内でタンパク質が大量に合成される。
②サテライト細胞が分裂し，筋線維と融合する。
③サテライト細胞どうしが分裂・融合し，新たな筋線維をつくる。
②や③がおきても，一部のサテライト細胞は筋線維の外側にとどまっている。

さらに，かつてはトレーニングをしても，一本一本の筋線維が太くなるだけで，その数は一定であるといわれてきましたが，**最近ではトレーニングによって活性化したサテライト細胞が分裂・融合して新しい筋線維をつくりだすこともあると考えられています。**

 筋トレによって筋線維の数が少し増えるかもしれないということなんですね。

 そうですね。トレーニングによって細胞核や筋線維の数が増えると，運動をやめてもその数が減ることはなく，それが筋肉の記憶という現象のもとになっているのであろうと考えられています。

筋肉を増やすには速筋線維を使うことが鍵！

 先生，筋肉を増やすには，ともかくたくさん筋肉を動かせばいいわけですね！

 おっと，そういうわけでもないんですよ。筋線維が"成長"して筋肉の体積が大きくなることを筋肥大といいます。効率よく筋肥大させるには，II型線維（速筋線維）を使うことが重要です。筋トレによって得られる効果は，速筋線維と遅筋線維でことなり，**肥大は，ほとんど速筋線維でしかおきないのです。**

 そうなんですか!?

ええ。**遅筋線維をトレーニングでたくさん使ったとして
も，ミトコンドリアやミオグロビンといった成分は増え
ますが，収縮に直接かかわるアクチンやミオシンの合成
量はそれほどアップしないのです。**ところが，私たちは，
日常生活のような負荷の小さい身体活動や運動では，速
筋線維をほとんど使っていません。まず持久力のある遅
筋線維から使って，それでまかないきれない場合にのみ
速筋線維を使うというしくみができています。そのため，
筋肉量を増やすためには高強度運動が必要になるのです。

ポイント！

筋肉量を増やすには，
速筋線維を使うことが重要！

筋肉量の増加は，主に速筋線維でおきる。

ほどほどの運動，ではダメなんですね。
筋肉量を増やすには，どのぐらいの負荷をかけなければ
いけない，という基準のようなものはあるのでしょうか？

そうですね。そのあたりの目安になる考え方について少
しお話ししましょう。**筋力トレーニングは，基本的に，
運動を反復することで筋肉を鍛えるものです。**運動の負
荷をあらわす尺度としてRM（レペティション・マ
キシマム：最大反復回数）というものがあります。

レペティション・マキシマム？
はじめて聞きました。

筋力や筋持久力のトレーニングで何らかの負荷をかける
とき，**1回だけどうにか持ち上げることのできる負荷を
1RMとあらわします。2回持ち上げることのできる負荷な
ら2RM，3回ならば3RMです。**
したがって，2RM，3RMと数が大きくなるほど，負荷は
小さくなります。たとえば，50キログラムの重りを10回
上げ下げすると限界がくる場合，その人にとって50キロ
グラムが10RMの負荷ということになります。

はなるほど〜。

一方，「80% 1RM」というような負荷のあらわし方も
あります。これは，**ある負荷が1回に上げることのでき
る最大限の重さの何％に相当するか，という表記の方法
です。**
たとえば，ある人の1RMが100キログラムである場合，
80キログラムの負荷は80% 1RMと表記できるわけです。

ふむふむ。

**基準としては，8〜10RM（8〜10回ぐらいで限界を迎え
るような負荷）で最大限反復するのが，筋力・筋肉量の増
加に最も効果的と考えられています。**それよりも負荷が
小さい運動だと，遅筋線維が主役になるので，筋肥大と
いうよりも筋持久力の向上がおこります。

トレーニングにおける負荷の大きさと効果の目安

負荷の大きさ(%)	反復できる回数	主な効果
100	1	神経系の改善 (筋力の増加)
95	2	
90	4	
85	6	筋力・筋肉量の増加
80	8	
75	10 ～ 12	
70	12 ～ 15	
65	18 ～ 20	筋持久力の向上
60	20 ～ 25	
50	30	

一度だけ反復できるような負荷の大きさ(一度だけ持ち上げられるダンベルの重さなど)を100%としたときの，負荷の大きさとトレーニング効果の関係をあらわした表。なお，負荷が90%以上のときは，筋肉の発達というよりも，神経系の改善により，発揮できる力が増加するとされる(Fleck and Kraemer(1987)改変)。

ポイント！

RM
(レペティション・マキシマム：最大反復回数)
……筋トレの際，筋肉にかける負荷の大きさを
　　あらわす尺度

じゃあ，とにかく大きな負荷をかけたらいいんでしょうか？

負荷は高ければ高いほどよいわけではありません。
たとえば，90％1RM以上（1〜4RM）の高負荷でトレーニングをすると，逆に筋肥大はおこりにくくなるといわれています。
筋肉を増やすには負荷だけでなく，持ち上げる回数や時間を増やすことも重要だと考えられています。
このことから考えると，90％1RM以上の負荷は回数をこなせないので，意外と筋肉量が増えないのでしょう。

負荷と回数のかけ算が重要ということですね。

その通りです。

でも，たとえば80％1RMで8回もくりかえすのって，大変じゃないですか？

たしかに，とくに高齢者が高負荷のトレーニングを行うのは大変ですし，ケガの危険がともないます。そこで最近注目されているのが，加圧トレーニングやスロートレーニングです。

加圧トレーニングって最近よく聞きますけど，どういうものなのでしょう？

加圧トレーニングとは，ベルトなどを使って，腕や脚の筋肉に流れ込む血流を人為的に制限し，筋肉が疲れやすい環境をつくりだすことで，低い負荷でも速筋線維の活動を高められる筋トレ方法です。
素人が自己流でおこなうと危険をともなうトレーニング法です。

専門的なスキルが必要なんですね。
誰かに指導してもらわないと無理ですね。

そうですね。一方，**スロートレーニングは，自身の体だけで加圧トレーニングと似た効果を再現しようというトレーニング法です。**
筋肉が収縮しているとき，筋肉の内部にある血管が圧迫されるので血流は制限されます。この血流制限を外部からの圧迫で強制的につくりだすのが加圧トレーニングで，**スロートレーニングはゆっくりとした動きをすることによって，通常の筋トレよりも長い時間，血流制限を維持しようというものです。**低負荷でも，血流制限が続くことで速筋線維がはたらきやすい環境が整うわけです。

なるほど〜。太極拳のようなゆっくりとした体操も人気がありますが，スロートレーニングに似た効果があるかもしれないですね。

そうですね。スロートレーニングは特別な器具も使いませんし，低負荷なので関節を痛めるリスクも小さくてすみます。スロートレーニングについては，あとでくわしくお話ししますね。

ポイント！

加圧トレーニング
　筋肉に流れ込む血流を人為的に制限し，速筋線維の活動を高める方法。

スロートレーニング
　ゆっくりとした動きにより，筋肉の収縮と血流の制限を長く維持し，速筋線維がはたらきやすい環境をつくりだす方法。

筋トレ効果は人によってさまざま

さて，筋線維にはⅠ型（遅筋）線維とⅡ型（速筋）線維があることはもうおわかりですよね。そして，筋トレをすることで太くなるのは主に速筋線維であることもお話ししました。ここでは，筋肉の性質のちがいによって，筋トレの効果がどのように出るのかについて，もう少しお話ししたいと思います。

お願いします。

たとえば大腿四頭筋を例にとると，速筋線維と遅筋線維の断面積の割合が1.2対1ぐらいであったものが，3か月間の筋トレを行ったのちに調べたところ，1.6対1へ変化したという報告があります。

3か月でそんなに変わるんですか！

基本的に，人間の体を構成する筋肉には，速筋線維の比率が極端に多いものは存在しません。一方で，**下腿にあるヒラメ筋や前脛骨筋などは遅筋線維の比率が高い筋肉です。これらの筋肉は，筋トレをしても太くなりにくい傾向があると考えられます。**

鍛えていても，視覚的には効果がわかりにくいと。

逆に，**鍛えると隆々となる大胸筋や上腕二頭筋などの大きな筋肉では，速筋線維と遅筋線維の割合はほぼ1対1です。ですから，筋トレの効果が比較的あらわれやすいのだと考えられます。**

なるほど。筋トレの効果は，筋肉のタイプにも左右されるわけですね。

そうです。筋肉のタイプやつきやすさには，もちろん個人差もありますし，また人種によるちがいもあるようです。日本人（アジア人）の場合，遅筋線維が優位な人が多いといわれています。
遅筋線維が優位な人は，速筋線維が優位な人に比べて，筋肉が太くなりにくい傾向があります。

日本人には，遅筋型の人が多いのか。

ちなみに，アジア人は欧米人に比べて5キログラムほど全身の筋肉量が少ないという研究報告があります。また，ボディビルやその他の選手で判断すると，アジア人は特に背面の筋肉の発達が劣っているような気がします。

同じメニューの筋トレをしても，結果は人によってさまざまだという可能性があるわけですね。

その通りです。いくらマッチョな肉体を求めても，なかなかそうはならない体質の人もいるということです。**筋トレを行う場合は，他人との比較にあまりとらわれないことが大切です。** きちんと続けていれば，その人なりに必ず成長は上がるのですから。

わかりました。他人との競争ではなく，マイペースで筋トレをしようと思います。

STEP 3

筋トレをやってみよう！実践編

筋肉は，体を動かすだけではなく，私たちの健康や寿命に大きな役割を果たしています。ここからは，実際に筋肉を鍛えるためのさまざまなトレーニング方法をご紹介します。

脚をおとろえさせない筋トレ

さっそく，各部位ごとの筋トレについてご紹介していきましょう。まずは脚の筋肉です。**大腿四頭筋，ハムストリング，腓腹筋は年齢によっておとろえやすい筋肉です。**

大腿四頭筋は下半身最大の筋肉でしたね！

そうです。ひざの屈伸のほか，走ったり跳んだりするときに中心的な役割を果たします。また，ボールを蹴るような力も発揮します。**大腿四頭筋がおとろえると，立つことや歩くことすらむずかしくなり，日常生活に支障をきたすことがあります。**大腿四頭筋を鍛えるトレーニングとしては，スクワットがメジャーですね。

筋トレといえばスクワットですよね！

一方，太ももの裏にあるハムストリングは，主にひざを曲げるはたらきや，股関節を伸ばすはたらきがあります。

スクワット

大腿四頭筋を鍛える

大腿四頭筋を鍛えるトレーニング。お尻を後ろへ引きながらゆっくりと腰を落とし，元へもどる動きをします。大腿四頭筋が中心ではあるものの，下半身が全体的に鍛えられます。

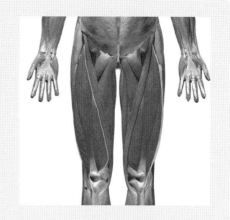

1

足を肩幅くらいに開き，両手を胸の前で組んだ姿勢で，まっすぐ立つ。

2

背筋をまっすぐ伸ばしたまま，お尻を後ろに引いて上体を前傾させながら，ゆっくりと腰を落とす。太ももが床と平行になるくらいで止め，元の姿勢にもどる。

ハムストリングヒップリフト

ハムストリングを鍛える

太ももの裏側にあり、ひざを曲げるはたらきと、太ももを後ろに振るはたらきをもつハムストリングを鍛えるトレーニングです。あおむけになり、両足のかかとを台の上に置いて、お尻をもち上げ、下ろす動きをします。自重でハムストリングを鍛えられる数少ない種目です。

1

あおむけに寝て、両足のかかとを台の上に乗せる。
両腕を胸の前で組み、腰を少し反らしてお尻を少し浮かせる。

2

骨盤を後傾させながら上げる。骨盤を前傾させながら下ろす。

片脚カーフレイズ

腓腹筋とヒラメ筋を鍛える

ふくらはぎをかたちづくる腓腹筋とヒラメ筋を鍛えるトレーニングです。つま先立ちになり、ふくらはぎを鍛えます。片脚で行うトレーニングなので、大きな負荷がかかります。

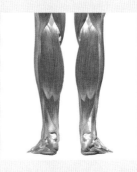

1 壁に手をつき、段差の上に片足のつま先を乗せ、ひざを伸ばして立つ。かかとを下げて、ふくらはぎを伸ばす。

2 ひざを伸ばしたままかかとを上げて、つま先立ちの状態になる。ゆっくりと元の状態にもどる。

自重でも筋肉をしっかり鍛えられる 張力維持スロー法

「張力維持スロー法」は、スロートレーニングともよばれる方法です。スクワットなら、ひざの曲げ伸ばしをゆっくり（6〜8秒ほどかけて）行い、休んでいる（膝が伸びきっている）時間をつくらないように意識します。こうすることで、自重でも筋肉に強い刺激を与えることができます。

ハムストリングがおとろえると，歩幅が狭くなります。
強化するには**ハムストリングヒップリフト**が有効です。また，腓腹筋やヒラメ筋はふくらはぎにあり，つま先立ちをする際にはたらく筋肉です。**腓腹筋やヒラメ筋がおとろえると，歩行中に地面を蹴る力が弱くなり，これも歩幅や歩行速度を低下させる原因になります。カーフレイズ**などでしっかり鍛えましょう。

どれも歩行には欠かせない筋肉なんですね！

一番おとろえやすい腰回りの筋トレ

次は，腰回りの筋肉です。実は足腰の筋肉は，さまざまな筋肉の中でも，比較的早くおとろえる筋肉なのです。とくに腸腰筋（大腰筋），大殿筋，大腿四頭筋，腓腹筋は，立つ・歩くといった基本動作に必要な筋肉です。

じゃあ，しっかり鍛えないとダメですね。

そうです。
とくに腸腰筋は，腰椎と骨盤（腸骨）と大腿骨を結ぶ筋肉で，この筋肉がおとろえると，つまずきやすくなったり，歩くスピードが遅くなったりするだけでなく，骨盤が後ろにかたむき，猫背の原因になるともいわれています。

それは大変だ。

また，腸腰筋には主に三つの重要なはたらきがあります。第一に**股関節**を屈曲させる（太ももを前方に振り上げる）こと。第二には**骨盤**を立てて，直立姿勢で骨盤を前傾させること。第三に**腰椎**を腹側に引き込むことによって前弯させ（前方に向かってカーブをえがく），脊柱のS字型を維持することです。

第一と第二の機能に関して，腸腰筋と反対の動きをしてバランスを取る筋肉（拮抗筋）は，お尻にある大殿筋や太ももの裏側にあるハムストリングなどで，これらは姿勢を維持するはたらきがあり，見た目への影響も大きい筋肉として知られています。

まとめて鍛えた方がよさそうですね。

また，**ウエストを締めたり，お腹を引っ込めるためにも，腸腰筋の筋トレはとても重要です。**

そうなんですね！
割れた腹筋よりも先に，まずはお腹を引っ込めるのが先でした。

大殿筋や腸腰筋には，次のページで紹介する**ブルガリアンスクワット**や，**ニーレイズ**がよく効くと思います。また，通勤時などに，駅の階段を一段飛ばしするトレーニングも効果がありますよ。

家では，太ももが床と平行かそれ以上になるように上げて，その場で足踏みをするトレーニングもよいでしょう。最初は50回くらいからはじめて，300回くらいまで少しずつ増やしましょう。

ブルガリアンスクワット

大殿筋を鍛える

お尻の表層に位置し，股関節（足の付け根）を動かす大殿筋を主に鍛えるトレーニングです。片足立ちになることで負荷が大きくなるだけでなく，大腿四頭筋よりも大殿筋への刺激が強くなることが特徴です。

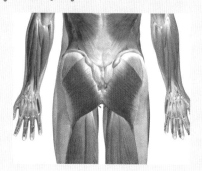

1

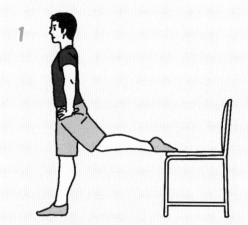

イスの前に立ち，片足をイスの上に置く。両足の前後幅は広めにする。両手は腰に当てる。

2

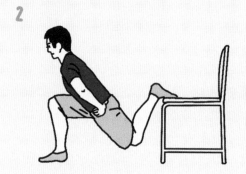

お尻を後ろに引きながら，お腹を太ももに近づけるように上体を大きく前傾させてしゃがむ。このとき，前側の足のひざを曲げることを意識するのではなく，お尻を後ろに引くことを意識しながら行う。しゃがんだあとは，元の姿勢にもどる。

※：1種目あたり3セット程度（1セットは10回程度）が目安。
※：紹介する種目で使われる台は，イスやベッドで代替できる。

ニーレイズ

腸腰筋を鍛える

お腹の深部にある腸腰筋を鍛えるトレーニングです。背中を丸める動きが生じないように、胴体は固定して、太ももの動きだけでひざを胸に近づけていきます。負荷が足りない場合は、手でひざを下に押し込んでもよいでしょう。

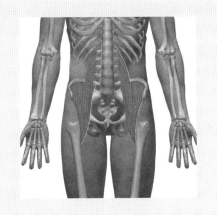

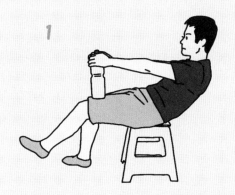

1

台の上に腰を下ろし、骨盤を寝かせた状態で上半身を後ろにかたむける。片方のひざの上に、ペットボトルを置く。

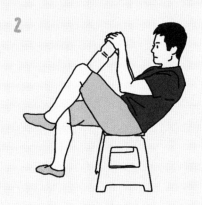

2

ペットボトルをひざでもち上げるようにして、ゆっくりと上げていき、元にもどす。手は添えるだけでもち上げる力は加えないようにする。

※ ペットボトルは、水の入った 2ℓ 容器を使う。

169

次は，お腹の筋肉に効くトレーニングです。

最近，見た目がちょっと心配な感じになってきたので，ぜひ聞いておきたいです！

胴体部分の前側表面にあるのが**腹直筋**です。側面の筋肉はいくつかの層に分かれています。
表層に外腹斜筋，その下には**内腹斜筋**があり，さらにその下に**腹横筋**があります。
これらの筋肉が，お腹の姿勢を維持するために非常に重要な役割をになっているので，しっかり鍛えたいところです。

お腹の姿勢，ですか？

はい。ぽっこりお腹を心配されていましたが，お腹の筋肉がゆるんでいると，お腹が前に出てきて，まさに**"ぽっこりお腹"**になるのです。お腹の筋肉がしっかりはたらいていれば，そのようなことはありません。

また，お腹の筋肉は全体としてサラシのようにお腹に巻きついた構造になっているので，緊張させることでお腹回りが引き締まり，内臓が下に落ちてこないようになるという効果もあります。

そこでおすすめなのが，クランチとシットアップです。**これらは二つとも主に腹直筋を鍛えるトレーニングですが，やり方次第では腹横筋にも強い刺激をあたえることが可能です。**腹直筋と腹横筋を同時に鍛えることで，お腹の引き締め効果は2倍以上になるかもしれません。

腹横筋を刺激するにはどうしたらいいのですか？

腹横筋は，お腹をへこませようとしたときに，強く活動します。たとえばシットアップの場合は，上体を起こすときに息を吐きながら，お腹を強くへこませる意識で行います。すると腹直筋だけでなく，腹横筋も鍛えることができます。

なるほど。お腹をへこませる意識ですね。

ほかの筋トレでもそうですが，とくに腹筋のトレーニングは呼吸が重要です。呼吸と動きを連動させながら鍛えるようにすると，腹横筋までしっかり使うことができます。このようなトレーニングを続けていると，何となく腹筋トレーニングを続けているのに比べて大きなお腹引き締め効果が期待できます。

回数を漫然とこなすだけではなく，一回一回の呼吸を意識して，お腹と背中をくっつけるくらいの意識でやることが重要です。

シットアップ

腹直筋を鍛える

お腹の前面部分に位置する腹直筋を主に鍛えるトレーニングです。お腹の深部にある腸腰筋も鍛えられます。腹直筋を強く鍛えるためには，股関節（太ももの付け根）ではなく背中を丸める動きで上体を起こします。

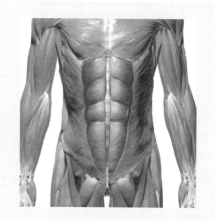

1

ひざを軽く立ててあおむけになり，両腕を胸の前で組む。

2

背中をめいっぱい丸めながら上体を起こす。ゆっくりと，(1)の状態にもどる。

クランチ

腹直筋を鍛える

お腹の腹直筋を鍛えるトレーニングです。シットアップと比べて股関節（太ももの付け根）の動きが小さいので、背中を丸める動きに集中しやすい方法です。

1 あおむけに寝て、両足をそろえ、ひざを直角に曲げてもち上げる。両足は椅子や台の上に置いてもかまわない。

2 両手を頭の後ろに置き、背中を丸めて上体をもち上げ、肩甲骨を浮かして数秒止める。ゆっくりと背中を床に下ろす。

ロシアンツイスト

外腹斜筋と内腹斜筋を鍛える

胴体を横に曲げる，またはひねるはたら
きをもつ外腹斜筋と内腹斜筋を鍛える
トレーニングです。ひざを曲げて座り，バ
ランスをとりながら上体を左右にひねる
動きをします。ひねるときは，手先や顔
ばかり動かすのではなく，体幹全体をで
きるだけ大きくひねっていきます。

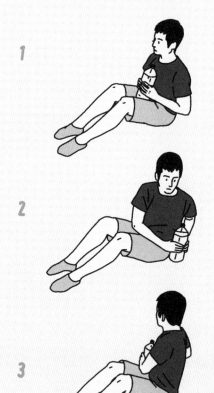

1 床に座り，ひざを軽く曲げ
て，足の裏は床につける。
両手にはペットボトルをもつ。

2 両足やお尻を床につけたま
ま，体幹部分を左側にで
きるだけ大きくひねり，元に
もどす。

3 続いて右側にも大きくひね
り，元の状態にもどす。手
先や顔ばかり動かすのでは
なく，両肩のラインを大き
く回転させるようにして，
体幹をしっかりとひねる。

174

50代からおとろえる上半身の筋トレ

ここまでご紹介してきた足腰の筋肉は，年齢が早いうちからおとろえやすい筋肉です。一方，胸や肩，上肢といった上半身の筋肉は，30代，40代ではあまりおとろえが目立たちません。しかし，**50代になると上半身の筋肉も徐々におとろえてくるので，40代半ばからは少し意識して，上半身の筋肉を鍛えるようにしていったほうがいいでしょう。**

上半身の筋肉のおとろえって，足腰に比べてそれほど危機感がないのですが……。

上半身の筋肉を鍛えておけば，もし転倒した場合，とっさに手をついて体を守れるかもしれませんよ。
胸や肩，腕の筋肉を鍛えるときのコツは，**「手で物を外に押しだす」**というイメージをもつことです。

なるほど。

胸板の筋肉である大胸筋，肩の関節をおおっている三角筋の前の筋肉，上腕の後ろ側の上腕三頭筋を鍛えるのであれば，**腕立て伏せ（プッシュアップ）**が効果的です。ジムに行く機会があれば，似たような動きで負荷をさまざまに調整することができる**ベンチプレス**もおすすめです。水が入ったペットボトルを手にもって，頭上にもち上げる**ショルダープレス**は，三角筋を鍛えるトレーニングです。ペットボトルをもちながら，腕を横に広げるサイドレイズでは，三角筋の側面が鍛えられます。

プッシュアップ

肩関節につながる筋肉を鍛える

胸をおおう筋肉である大胸筋、肩をおおう三角筋の前側、
上腕の後ろ側に位置する上腕三頭筋など、肩関節につな
がる筋肉を鍛えるトレーニングです。いわゆる腕立て伏せです。

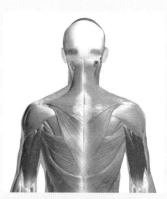

1

両手を肩幅の1.5倍程度に開き、床の上に置く。
体を一直線に伸ばし、両手と両足のつま先で、体を支える。

腕立て伏せは、ちゃんとしたやり方でないと、思うような効果が出ない

床についた手の幅は、肩幅の 1.5 倍ほどにするのが一般的です。手の幅をさらに広げると、より大胸筋への負荷が大きくなります。そして、ひじを深く曲げて体を下ろす動作と、ひじをしっかりと伸ばして体をもち上げる動作をゆっくりくりかえします。さらに頭から足まで体がなるべく一直線になるように気をつけると、効果がより上がります。負荷が強すぎる場合には、ひざを地面（床）につけた状態で行ってもかまいません。逆に負荷が足りない場合には、イスなどに足を乗せて行うと、より強い負荷となります。

手で床を押しだすイメージでやりましょう。

上腕は胴体から90度よりも少し閉じた角度にして（脇を少しだけしめて）、胸が床につく寸前まで上体を下ろしていく。体を一直線に伸ばしたまま、元の状態にもどる。つらくて深く下ろせない人はひざをついて負荷を小さくする。深く下ろすことが鉄則。

ショルダープレス

三角筋を鍛える

肩をおおい，腕を前後に振ったり，横に開いたりするときに使う三角筋を鍛えるトレーニングです。両手にペットボトルをもち，上げる動きをします。これにより三角筋の前部から側部にかけて鍛えられます。

1

椅子や台に座り，ペットボトルを両手にもち，肩の上までもってくる。このとき，ひじが深く曲がりすぎないように注意する。

2

背中をまっすぐに伸ばしたまま，ペットボトルを高くもち上げる。もち上げるときの軌道は，やや弧をえがくようにする。

サイドレイズ
三角筋を鍛える

肩をおおい，腕を前後に振ったり，横に開いたりするときに使う三角筋を鍛えるトレーニングです。立った状態でペットボトルを肩の高さあたりまでもち，頭上にもち上げます。三角筋の中でも側部によく効きます。

1

両足を肩幅くらいに開き，ペットボトルを両手にもって立つ。

2

ひじを少し曲げたくらいの角度を維持しながら，腕を水平になるくらいまで横にもち上げる。このとき，肩を上げないようにする。

背中を鍛えて姿勢維持

次は，背中の筋肉のトレーニングをご紹介しましょう。

背中の筋肉のおかげで姿勢の維持や，直立二足歩行ができているんでしたよね。

その通りです。
人間は赤ちゃんのときには，ハイハイで歩行しますよね？　実は人間の体は，脚や背中の筋肉が弱いと自然にハイハイするようになっているのです。

ええっ！　そうなんですか!?

人間は，成長して二足歩行になると直立姿勢を維持するために，後ろに少しだけ体を反らしておく必要があります。その役割をになっているのが，背中にある筋肉なのです。 よく，背中が曲がってしまっている高齢の方がいらっしゃいますよね。これは背中の筋肉が弱っていることが原因なのです。

私の祖母も，腰が曲がっていました。あれは背中の筋肉が弱ってしまったからだったのか。

ずっと腰が曲がった姿勢でいると，内臓の調子も悪くなる可能性があります。
つまり背中の筋肉を鍛えることは，姿勢だけでなく，全身の健康にとって重要なことなんです。

姿勢が悪いと，内臓が圧迫されていくわけですね。

 まだあります。
背中の筋肉が弱ってくると，背骨（脊柱）の前側に力が加わりつづけます。さらに加齢が進んでいって**骨粗しょう症**になると，少しずつ脊椎骨（一つ一つの背骨）がつぶれていくことになり，そうした状態が続くことで，脊柱そのものが**変形**してしまうのです。
そうなってしまうと，筋肉を鍛えても，それだけで元にもどすことはむずかしくなります。ですから，**プルアップ**や，テーブルを使った**ローイング**などで今のうちから背中の筋肉を鍛えておきましょう。

 ## それはこわいですね！
背中の筋肉を，すぐにでも鍛えなければ！

 ただ，一つ注意しなくてはならないのは，**姿勢を維持する筋肉をつけるためには，背中だけでなく，前面の腹筋群や腸腰筋もバランスよく鍛える必要があるということです。**

 お腹の筋肉も，お腹を引き締めて，姿勢を保つことに役立っているとおっしゃっていましたね。

 その通りです。
55歳を過ぎたあたりから，背中と腹筋群を特によく鍛えておく必要があるのです。

 まだ先ですが，今のうちに鍛えておきます！

プルアップ
広背筋と大円筋を鍛える

背中の下側に広がり，腕を引く動作のときに使う広背筋（上部）と，大円筋を主に鍛えるトレーニングです。バーにぶら下がり，体を引き上げる動きをします。

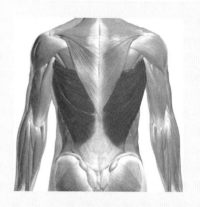

1

肩幅の1.5倍程度に手を開き，バーにぶら下がる。ひじを軽く曲げる。

2

胸を張りながら，肩甲骨を引き寄せるようにして，体を引き上げる。このとき反動を使わないように注意する。あごを無理にバーの上までもっていこうとするのではなく，しっかりと胸を張ることを意識する。ゆっくりと力を抜き，体を下ろしていく。

インバーテッド
ローイング

広背筋と大円筋を鍛える

背中の両側にある広背筋（真ん中から下部）と，大円筋を主に鍛えるトレーニングです。首から背中上部に広がる僧帽筋や，腕前面の上腕二頭筋も鍛えられます。安定性が高いテーブルなどを使用して行います。

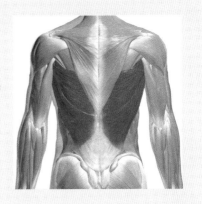

1

テーブルの下に上半身を入れ，ひざを曲げてあおむけになり，天板の端をもつ。手の幅は肩幅か少し広い程度にする。

2

背中を反らして肩甲骨を寄せながら上体を上げる。手を胸ではなくお腹に近づけるように引いていく。

プルアップとローイング

どちらも広背筋と大円筋を鍛えることができますが，細かく見ると鍛えられる場所が変わってきます。プルアップは広背筋の上部，ローイングは広背筋の真ん中から下部を鍛えるトレーニングになります。

上腕の筋肉を「バランスよく」鍛える！

 上半身の筋トレのラストは，上腕の筋肉を鍛えるトレーニングです。ひじを曲げ伸ばしする役割をもつ，**上腕二頭筋**と**上腕三頭筋**です。

 力こぶですね！

 そうです！
力こぶをつくる筋肉は，上腕の前面にある「上腕二頭筋」，そして力こぶの裏側の筋肉が「上腕三頭筋」です。この二つは同じ上腕の筋肉ですが，筋肉の構造がちがうので，それぞれの特性に合ったトレーニングをしていくことがポイントです。

 そうなんですか？
筋肉の構造はどんなふうにちがうのですか？

 上腕二頭筋のほうは，**紡錘状（平行）筋**といって，筋線維が筋肉の長軸と並行に並んでいます。パッとひじを折りたたむ，すなわち素早く縮む動きに最適です。しかし，体積の割に筋線維の数が少ないのです。
一方，上腕三頭筋は**羽状筋**といって筋線維が鳥の羽のように斜めに走っているのが特徴です。筋肉自身の伸び縮みは遅くなりますが，羽状筋なので体積あたりの筋線維数が多いのです。

 なるほど，そういうちがいなんですね。

上腕二頭筋は，筋線維の数が少ないぶん，筋力を犠牲にして，素早く，大きな伸び縮みを可能にした筋肉といえます。一方，上腕三頭筋は，素早い伸び縮みを犠牲にして，大きな力を出すことを可能にしているといえます。

面白いですね。

ちなみに，カニのツメには短い線維がいっぱいに詰まっているでしょう？　あれは典型的な羽状筋なのです。筋線維の数が多いので，その分だけはさむ力も強くなるというわけなのです。

カニのツメ！　ガッチリはさみますよね〜。
あれは羽状筋なのか。ちなみに大好物です！

ですから，バランスよく鍛えているはずなのに，上腕三頭筋のほうが筋トレの効果が出やすいと感じられるかもしれません。それぞれの特性に合わせて，たとえば上腕二頭筋なら，**ダンベル**などを使い，可動域を大きくとったトレーニングで鍛えるとよいでしょう。一方，上腕三頭筋は，しっかりと体重を乗せた**リバースプッシュアップ**のようなトレーニングが効果的です。

ふむふむ。上腕は，それぞれの筋肉に合うトレーニングを組み合わせて，バランスよくやるといいのですね。

リバース
プッシュアップ
上腕三頭筋を鍛える

上腕の後ろ側にある，上腕三頭筋を鍛えるトレーニングです。台を使い，ひじの曲げ伸ばしをします。自重で上腕三頭筋に負荷をあたえられるトレーニングです。

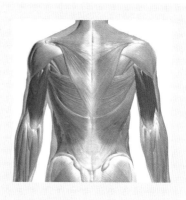

1

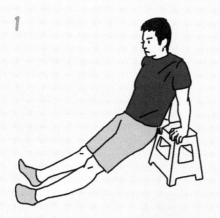

自分の後ろ側に置いた台の上に両手を置き，肩幅くらいに開く。両ひざを伸ばしたまま，かかとだけを床につける（初心者はひざを曲げて行ってもよい）。

2

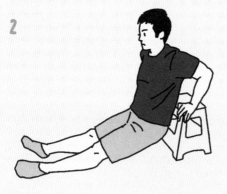

上体をまっすぐに起こしたままひじを曲げて，お尻が床に触れない程度に体全体を沈める。ゆっくりとひじを伸ばして，元の位置にもどる。

アームカール

上腕二頭筋を鍛える

上腕の前側にある，上腕二頭筋のトレーニングです。ひじを支点に重りの上げ下ろしをします。ひじの伸展はほぼ重力によっておこりますので，上腕三頭筋は鍛えられません。ここでは，水を入れたペットボトルを使ったやり方をご紹介します。

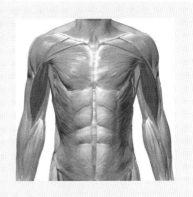

1. 手のひらを前に向けた状態で，両手にペットボトルをもち，まっすぐ立つ。

2. 片方のひじを曲げて，ペットボトルをもち上げる。ひじを支点に小指側からもち上げるイメージで行うとよい。

3. もち上げたペットボトルをゆっくりと下ろしつつ，もう片方のペットボトルをもち上げる。ひじは，体の横につけるか少し前で固定し，できるだけ動かさないように意識する。

※ 水を入れたペットボトルでは負荷が足りない場合には，丈夫な袋に，水を入れたペットボトルを何本か入れる方法もあります。

高齢者におすすめ「スロトレ」

先生，さっそく筋トレをはじめようと思います！ 私の父も運動をあまりしないので，ぜひすすめたいですね。

いいですね。でも，先にお話ししましたが，筋トレは筋肉や関節への負荷が大きいぶん，やり方に気をつけないとケガにつながることがありますので，まずは十分運動に慣れてから，無理なくスタートするようにしてください。それから，**筋トレは血圧を急上昇させるため，動脈硬化，高血圧，心臓病などがある場合にはとくに注意が必要です。**

私の父，血圧がやや高めなんですよね。
ちょっと心配だなあ。

そこで，先ほど少し触れた**スロートレーニング**の出番です！ 最近は**スロトレ**などともいわれています。

ああ，先ほどおっしゃっていましたね！ ゆっくりと動かすことで，速筋線維を使いやすくするやり方でしたね。

その通りです！
開発したのは，東京大学名誉教授で，ボディビルダーとしても活躍した石井直方博士です。
筋肉をゆっくり動かすと，筋肉やその周辺の血流量が減り，筋肉疲労がおこりやすくなります。そのため，筋肥大しやすい速筋線維がよく使われるようになります。つまり，ゆっくりとした動きでトレーニングを行うと，比較的小さな負荷で大きな効果を得やすいのです。

負荷が小さくても，ゆっくり動くだけで，大きな効果だなんて，すごく得した気分です。

若年者を対象に効果を検証した例をご紹介します。レッグエクステンション（膝伸展）という筋トレマシンを使い，**50%1RM**の負荷を3秒かけてもち上げ，3秒かけて下ろす動作を，週2回のペースで3か月続けたところ，筋肉量が約**5％**増えたといいます。
また，その後の研究では高齢者を対象に，同様の運動を30％1RMの負荷で行っても，筋肉量を増やせることがわかわかりました。

すごい！

安全性が高く，手軽にできるスロトレは今，高齢者の**サルコペニア予防，筋力強化，リハビリテーション**などに広く応用されているのです。

へぇ，いいですね。これならうちの父にもすすめられます！　具体的にはどうすればいいんですか？

自分の体重だけを負荷にするなら，**スクワット**のスロトレがおすすめです。ひざを曲げてしゃがむのに４秒程度，ひざを伸ばして体を起こすのに４秒程度かけ，ひざを完全に伸ばさずにまた曲げはじめるのがコツです。

膝を完全に伸ばさないわけですね。たしかに，そのほうが疲れそう……。

注意してもらいたいのは，立ち上がるときだけでなく，しゃがむときもゆっくりと動いているということです。
一般的に筋トレといえば，物を"もち上げる"などの動作で鍛えると思いがちですが，**下ろす，しゃがむといった，「力が抜けやすい」動作もゆっくりていねいに行うことが，より効率的な筋肥大や筋力アップにつながります。**

とくに**重要な足腰の筋肉**

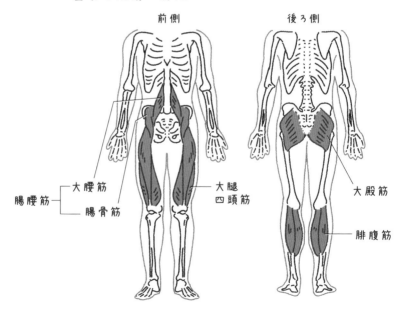

イスを使ったスクワット

1セット10回程度として，1回のトレーニングで2〜3セット行うと大きな効果が期待できます。トレーニングの回数は週2〜3回でよいでしょう。

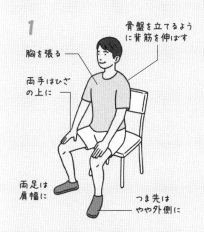

1

胸を張る

両手はひざ
の上に

骨盤を立てるよう
に背筋を伸ばす

両足は
肩幅に

つま先は
やや外側に

イスに浅く腰かける。

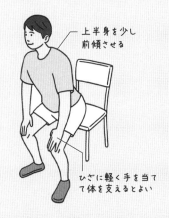

2

上半身を少し
前傾させる

ひざに軽く手を当て
て体を支えるとよい

息を吐きながらゆっくりと
立ち上がる。

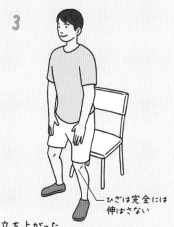

3

ひざは完全には
伸ばさない

立ち上がった
ところで止まる。

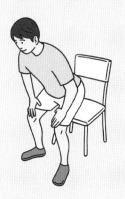

4

息を吸いながらゆっくりと
イスに座る。

191

イスを使わないスクワット

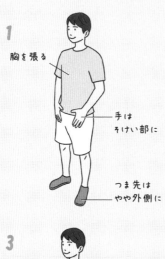

1

胸を張る

手は
そけい部に

つま先は
やや外側に

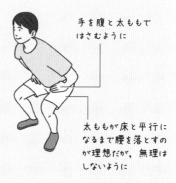

2

手を腹と太ももで
はさむように

太ももが床と平行に
なるまで腰を落とすの
が理想だが、無理は
しないように

3

ひざは完全には
伸ばさない

1. 足は肩幅に広げ、つま先
   をやや外側に向けて立つ。

2. 前傾姿勢で息を吸いなが
   ら、ゆっくり腰を落とす。

3. 息を吐きながらゆっくり立
   ち上がる。

スロトレのコツ

・立つときだけでなく、しゃがむときもゆっくりと。
・負荷が小さくなる（例：スクワットでひざが伸びきる）
　前に動作を切り返し、できるだけ力が抜けた時間を
　つくらないようにする。

3

時間目

筋肉をケアしよう

筋肉のいろいろな
トラブル

収縮と弛緩をくりかえす筋肉は，筋肉痛や肉離れ，腰痛，肩こりなど，いろいろな障害の原因となります。これら筋肉のトラブルはなぜおこるのでしょうか？

筋肉痛はなぜおこる？

あなたは久々に野球をされたことで，ひどい筋肉痛をおこしていましたね。ここからは，筋肉痛をはじめとした，筋肉のトラブルについて，そのメカニズムを見ていきましょう。

ぜひお願いします！

まず，筋肉痛は，大きく二つに分けられます。一つは早_{そう}発性（即発性）筋痛，もう一つは遅発性筋痛です。

早発性と遅発性？

はい。
「早発性筋痛」は，運動中や，運動をしたあとすぐに発生する筋肉の痛みです。 痛みの原因は，筋肉をおおっている筋膜が損傷・断裂するような外傷が原因の場合と，代謝物がたまることによっておこる場合の二つがあります。ほとんどの場合は代謝物質がたまることによって発生していますから，痛みは1時間もたたずに消失します。

なるほど。では「遅発性」の方は，しばらくたってから発生するわけですか。

その通りです。
「遅発性筋痛」は，久しぶりに運動して，翌日や翌々日に痛みが発生し，ピークに達するもので，一般的に「筋肉痛」といえば，遅発性筋痛をさします。

ポイント！

早発性（即発性）筋痛
　　……運動中や，運動をしたあとすぐに発生する。
遅発性筋痛
　　……運動をした翌日や翌々日に発生する。
　　　一般的な筋肉痛のこと。

じゃあ私のは，まさに遅発性筋痛だったんですね。筋肉痛って，なぜおこるのでしょう？
たとえば早発性筋肉痛は，代謝物がたまることによっておこるということですが，筋肉痛を引きおこす代謝物って，どういったものなんですか？

はっきりとはわかっていません。運動をすると，筋肉の中ではさまざまな物質の量が劇的に増えたり減ったりするので，原因を特定することはむずかしいのです。痛みは，一つの物質ではなく複数の物質が同時に増えることでおきるのではないかという研究報告もあります。

遅発性筋痛は久しぶりに運動したときなど，時間をおいておきるんですよね。遅発性筋痛はどうやっておきるんですか？

これまでは，遅発性筋痛は筋線維（筋細胞）の膜や内部に小さな傷（微細損傷）ができることでおきると考えられてきました。
しかし近年では，筋線維そのものよりも，結合組織の損傷が痛みの主な原因ではないかと考えられるようになってきています。ここでいう結合組織とは，筋肉や筋束をおおう膜状の組織や，筋線維と筋線維のすきまを満たしている組織をさします。**激しい運動によって結合組織が損傷すると，その損傷を修復しようとして免疫細胞が活性化し，炎症反応がおきます。これによって痛みがおこるのではないかと考えられています。**

なるほど。

ちなみに，遅発性筋痛の原因は乳酸がたまるためであると聞いたことがあるかもしれませんが，そうではありません。筋線維の中で大量につくられた乳酸が翌日や翌々日までそこにとどまっていることはまず考えられないからです。

できれば筋肉痛にはなりたくないんですけど，どういう運動のときに筋肉痛になりやすいんでしょうか？

たとえばダンベルをもち上げるとき，筋肉は力を出しながら縮んでいきます。これを短縮性運動といいます。
一方，ダンベルをゆっくり下ろすとき，筋肉は力を出しながら伸ばされます。これを伸張性運動といいます。
このとき，筋肉は伸びる方向ではなく，縮む方向に力を出しています。

筋肉は，縮む方向にしか力を出せないのでしたよね。

はい。どちらの運動でも，筋肉が力を出している向きは同じなのです。ところが，**筋肉痛は伸張性運動でおきやすく，短縮性運動ではほとんどおきないのです。**

そうなんですか！

はい。伸張性運動をくりかえすと，結合組織にこまかい傷がつきます。すると，傷の修復をするために免疫細胞が集まってきます。
この免疫細胞が，筋肉の炎症反応を引きおこすんです。

免疫細胞が!?

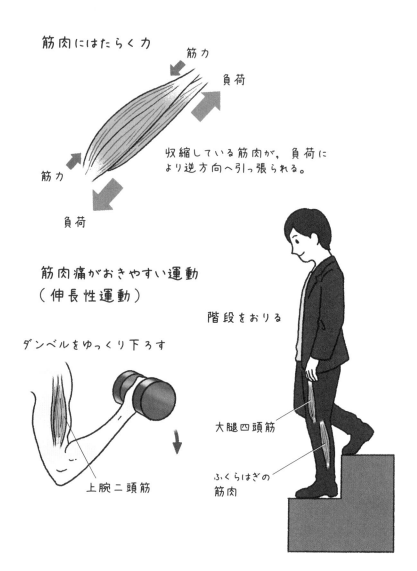

筋肉にはたらく力

筋力

負荷

筋力

負荷

収縮している筋肉が，負荷により逆方向へ引っ張られる。

筋肉痛がおきやすい運動
（伸長性運動）

ダンベルをゆっくり下ろす

階段をおりる

大腿四頭筋

上腕二頭筋

ふくらはぎの筋肉

そうなんです。炎症というのは体の異常に対する一種の防御反応ですから，主役になるのは免疫細胞です。筋肉に炎症がおきているとき，損傷した部位やその周辺の血管では**ブラジキニン**や**プロスタグランジン**という物質がつくられます。

そして，このブラジキニンやプロスタグランジンの作用によって，**神経栄養因子**とよばれる物質がつくられます。これは一部の感覚神経に作用し，痛みに対する感受性を高めます。

これらの物質がたくさんある状況のときに筋肉を動かしたり，押したりすると，それがわずかなものであっても強い痛みを感じる，というわけです。

筋肉の中ではそんなことがおきているのか〜！

筋肉痛は，不慣れな運動や久しぶりの運動でおこりやすいことがわかっています。筋トレなどのとくに負荷の大きな運動をするときには，十分に慣れるまで，やりすぎに気をつけないといけません。

でも，筋肉痛になるほど筋トレをがんばれば筋肉が大きくなるのだから，いいことではないのですか？

たしかに筋トレをすると，筋線維内でのタンパク質の合成が高まり，個々の筋線維が太くなります。そこには，筋線維の傷ついた部分が修復・強化されるというメカニズムもかかわっています。

しかし，筋線維の損傷がひどいと逆に細くなったり，死んでしまったりすることもあります。

筋肉を鍛えるにしても，とにかく筋線維に傷をつけることが大事と単純に考えることは，やめた方がよいでしょう。

そうなんですね！　気をつけます。

筋肉痛は予防できる!?

 先生，できることなら筋肉痛になりたくありません。筋肉痛を予防する方法は何かあるのでしょうか？
たとえばストレッチなどは効果はあるのでしょうか。

 運動の直前に行うストレッチは，運動中のケガの防止などにはある程度有効だと思いますが，筋肉痛の予防には効果がないと考えられています。

 じゃあ，筋肉痛はさけることはできないのですね！

 今のところ効果が確認されているのは，1週間前〜前日までに行う**プレコンディショニング**です。プレコンディショニングはだれでも簡単に行うことができるんですよ。

 手段はあるのですね！

 はい。筋肉痛は，慣れていない運動を行ったときに，とくにひどくおこります。ですから，あらかじめ筋肉を運動に「慣らす」ことで，筋肉痛の程度を抑えることができるのです。仮に，太ももの前側（大腿四頭筋）の筋肉痛を予防したいとしましょう。その場合，階段を下りる運動や自分の体重だけで行うスクワットが，プレコンディショニングになります。もちろん，これらは疲れるほど行う必要はなく，筋肉が少し張ったかなという程度で十分です。

 次回野球によばれたら，絶対やります！

では先生，おきてしまった筋肉痛は，自然に治るのを待つしかないのでしょうか？　痛み止めの市販薬を飲んでみたのですが，イマイチ効果がなかったんです。

残念ながら決定的な対策はありませんが，軽く筋肉を動かすことによって，痛みを一時的に軽減することはできます。ただ，軽く動かすだけでもひどく痛むような場合は，これもむずかしいかもしれませんね。

痛いのでじっとしてました！

筋肉のケガ「肉離れ」とは

筋肉痛と同じく，**肉離れ**もよく聞きます。
肉離れって，どんな状態をいうんですか？

肉離れは，**ふくらはぎや太ももの裏**で発生しやすいケガで，筋肉を構成する筋線維の一部が，自分自身の筋力で切れてしまった状態をいいます。

筋肉が，**自分の力で切れる？**

肉離れがなぜおこるのかはよくわかっていないのですが，筋力や柔軟性，筋肉の形状（羽状筋か平行筋か）やタイプ（遅筋線維と速筋線維の割合）によっておこりやすさがことなるようです。

また，筋力のバランスなども関係するといわれています。たとえば，太ももの裏にある。ハムストリングは，主に膝を曲げる力を生む筋肉です。このハムストリングがもつ筋力（関節トルク）が，膝を伸ばす力を生む大腿四頭筋に対して6割未満になると，肉離れのリスクが上がるとされています。

ハムストリングは，日常生活では，それほど負荷がかからない部位でしたね。

肉離れのような筋肉自体のけがは，なかなかもとの通りには治りにくい，厄介なものです。
筋肉が大きく傷つくと，傷口を一時的にくっつけるための**肉芽組織**ができます。ところが，肉芽組織は筋線維ではありませんから，傷自体はふさがっても，筋肉の性能がもどりにくいのです。

くっついたからOK，じゃないんですね。

また，肉芽組織は最終的に**瘢痕組織**となります。瘢痕組織は，かたくもろい線維が主成分であるため，瘢痕組織ができると，筋肉の柔軟性が低下してしまうのです。

その部分だけ伸びにくいってことですよね。それではまわりの筋線維とのバランスが悪くなりそうですね。

まさにそうです。瘢痕組織のために，まわりの筋線維の動きが阻害されますし，瘢痕組織のところでふたたび肉ばなれをおこしやすくなってしまうのです。

肉離れってクセになると聞きましたけど，そういうこと
なんですね。甘く見てはいけませんね。
もし肉離れになったら，どうしたらいんでしょうか？

運動中に肉離れをおこしてしまったら，急性期は患部を**安
静**にして（Rest），氷などで**冷やし**（Icing），包帯などで
圧迫して（Compression），**高い位置**に置く（Elevation）
処置を行います。
この応急処置を，RICE処置といいます。その後は，十
分な休養と，地道なリハビリが重要となります。

> ### ポイント！
>
> 肉離れには RICE 処置
>   安静にして（Rest），
>   氷などで冷やし（Icing），
>   包帯などで圧迫して（Compression），
>   高い位置に置く（Elevation）。

少し前のデータですけど，2016年のリオデジャネイロ・オリンピックでは，すべての競技でおきたスポーツ外傷のうち，約30％は肉離れなどの，筋肉における損傷といわれています。実は，損傷のおこりやすさには性差があり，女性の方が筋肉の損傷の発症率が低いというデータがあるんです。

性差がある？　なぜなんですか？

まだよくわかっていませんが，女性ホルモンの1種である**エストロゲン**が，筋肉を損傷から守るはたらきをしている可能性があります。

エストロゲン？

エストロゲンは，主に女性の卵巣から分泌されるホルモンです。男性の体にも少量ですが存在します。
このエストロゲンに，筋肉を保護する効果があるのではないか，と考えられているのです。

なるほど。

さらに，このエストロゲンの受容体が，筋損傷の個人差にかかわっているという報告もあります。
エストロゲンは，筋線維などの細胞の表面にある**エストロゲン受容体**に結合して，はじめてその機能を発揮します。このエストロゲン受容体の設計図である**エストロゲン受容体遺伝子**には複数のタイプがあり，人によってそのタイプがことなります。

トップレベルの日本人アスリート1311名を対象として調査を行なった結果，このエストロゲン受容体の遺伝子のタイプと，肉離れの発症率に関連が見られたという報告があります。

肉離れがおきやすい人とそうでない人では，生まれつきエストロゲン受容体の遺伝子が少しちがっているってことですか？

はい，そういうことです。
また，この研究では，**肉離れを発症しにくいタイプのエストロゲン受容体遺伝子をもっている人は，ハムストリングの筋肉がやわらかかったことも明らかにされています。**

肉離れのおこりやすさに，遺伝的な要因も関係していたなんて，おどろきです！

「肩こり」のメカニズム

次は，肉離れよりも，私たちになじみ深い肩こりにせまりましょう！

肩こりは人類共通の悩みですね！
デスクワークなので，いつも肩のこりがひどいんですよ。ときどき肩を回したりしているんですけど，なかなかよくなりません。そもそも，どうして肩こりっておこるんでしょう？

肩こりにも筋肉が関係していると考えられています。でも実は……，肩こりが発症するくわしいメカニズムはわかっていません。

そうなんですか!? 人類共通の悩みなのに!?

ただ，デスクワークなどで首に負荷がかかる姿勢を続けることによって，首，肩，背中などの**血行が悪化**し，筋肉に代謝物がたまることが一因ではないかと考えられています。私たちの頭は**体重の10%ほど**の重さがあり，首と肩はこれをつねに支えています。デスクワークで頭を少し前のめりにするだけでも，首や肩の筋肉にかなりの負担がかかりますし，腕の重さも肩の筋肉にとっては負担となります。

そもそも，人の体の構造や姿勢自体が，肩こりをおこしやすくしているといえそうですね。

そうですね。腕や頭を支えている肩や首には，背中に大きく広がる**僧帽筋**を中心に，いくつもの筋肉があり，このあたりが「こる」のはまちがいなさそうです。しかし，**肩こりの原因は多様で，しかも複合的な場合が多いと考えられており，決定的な治療法はまだありません。**
肩や首の筋肉をよく動かし，血行をよくしてあげることで，一時的に肩こりを解消することはできるはずです。ただし，その効果がずっと続くようなことは，おそらくないでしょう

トホホ。残念です。

つまり，肩こりは，「治す」のではなく「早めに手を打ち，予防する」のが得策だといえるでしょう。

そうか，予防か。

つらい肩こりを防ぐには，同じ姿勢を長時間続けない，1時間に1度は肩や首を軽く動かす，入浴して全身の血行をよくするといったことが重要です。

それなら，日常生活の中でかんたんにできそうですね。

そうですね。肩こりを放っておくと，「血流量の低下にともない筋肉にこりや痛みを引きおこす物質が蓄積する→痛みや不快感が強くなる→筋肉が緊張してかたくなる→血行がさらに悪化する」という，負のスパイラルにおちいってしまう可能性もあります。

負のスパイラル！　いやですね〜。

それから，肩や首のストレッチも効果的です。手のひらで頭を押さえて前や横に倒す，手のひらを上向きにして組み，両腕を頭上に思い切り伸ばすなど，いろいろあります。自分に合うストレッチを見つけてみましょう。

肩こりの原因となる主な筋肉

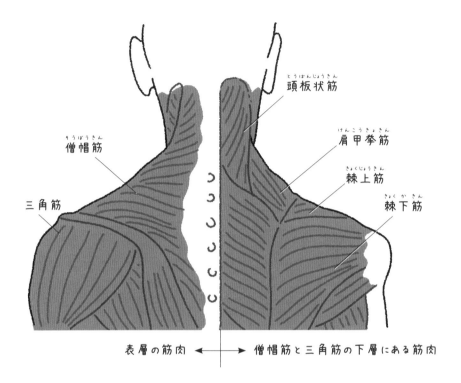

僧帽筋

三角筋

頭板状筋

肩甲挙筋

棘上筋

棘下筋

表層の筋肉 ← → 僧帽筋と三角筋の下層にある筋肉

ポイント！

肩こりにはひどくなる前の対処が有効

- 同じ姿勢を長時間続けない。
- 1時間に1度は肩や首を軽く動かす。
- 入浴して全身の血行をよくする。
- 肩や首のストレッチも効果的。

これくらい気軽なストレッチなら，仕事中にもできますね。ところで，私の上司が「肩こった〜」とかいってちょいちょい**マッサージ**を受けに行ってるんですが，マッサージは効くんですか？

マッサージも，血行をよくして筋肉のこりをほぐしたり，心身をリラックスさせたりする効果が期待できます。**ただし，マッサージはピンポイントで筋肉のこりをほぐすものなので，広い範囲のこりを解消するには，軽い運動やストレッチの方が手っ取り早いと思います。人にやってもらうマッサージは，たしかに気持ちいいですけどね。**

なるほど。
今度上司に教えてあげよう。

それから，全身の**血行**をよくすることが有効だと考えれば，**ウォーキング**など，肩周辺の動きを含んだ**全身運動**もよいでしょう。

肩こりにウォーキングが効くとは思いませんでした。

ただし，肩こりを甘く見てはいけません。
日常生活において，肩周辺に負荷がかかることでおきる一般的な肩こりを**一次性（本態性）肩こり**といいます。一方，特定の病気の症状の一つとして肩こりがおきる場合もあるんです。そのような肩こりを**二次性肩こり**といいます。

肩こりが，病気のサインかもしれないんですね。

そうなんです。**五十肩や椎間板ヘルニア**など，肩や首の関節の異常のほか，**心臓や消化器の疾患，高血圧，眼精疲労，精神疾患**（うつ病など）も，肩こりの原因になるといわれています。

えっ，そんなにですか!?

たとえば，高血圧の場合，**動脈硬化**がおきている可能性が高いのですが，それにともなって肩や首の血流がとどこおることが肩こりにつながると考えられます。また，強い**ストレス**を受けたときにも交感神経のはたらきによって血圧が高くなりますが，このストレスが筋肉を緊張させることで，肩こりの原因になっていることもあるのです。とくに，これまで肩こりにあまりならなかったのに，急に肩こりがひどくなった場合などは注意が必要です。下の表に，とくに注意すべき肩こりの症状をまとめました。当てはまるものがないかどうか確認してみてください。

	注意すべき症状
1	肩の動きと関係なく痛みが生じる
2	ストレッチやマッサージでは痛みがひかない
3	めまいやのぼせ，動悸，手足のしびれをともなう
4	胸部や腹部の痛みをともなう
5	痛む場所が一定ではなく，漠然としている
6	夜間や朝など決まった時間帯に痛む
7	痛みが日を追って強くなる
8	手指を使う細かい作業がしづらくなる

「スマホ首」に気をつけて！

肩こりに関連して，**デスクワーク**や**スマホ**といった，現代人の生活に影響を与えるものと筋肉について見てみましょう。先ほど，人間の頭は，成人で**体重の10％**ほどだとお話ししました。

はい。大体ボウリングの球と同じくらいの重さなんですよね。ボウリングの球を支えてるなんて，そりゃ肩や首には負担がかかるわけですよね。

そうですね。ただ，頭が体の真上に乗っていれば，その重さは主に骨で支えることができます。
ところが，スマホなどを見ようとして頭を前にかたむけると，首や肩の筋肉にかかる負荷は一気に**増大**します。

一気に増大って……，どれぐらいになるんでしょう？

海外の研究によれば，頭を前に15°傾けたとき，首にかかる負荷は真っすぐのときの2倍以上，60°傾けると約5倍になります。

負荷が**約5倍〜！？**

その結果，首の後ろや肩にある**僧帽筋**などの負担が大きくなってしまい，**肩こり**や**首の痛み**の原因になるわけです。また，デスクワーク中心の仕事をしているような人で，**腰に痛み**を感じている人も多いかもしれません。

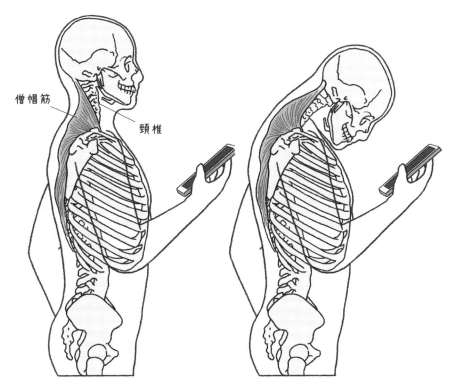

A. 頭が体の真上にある姿勢　　B. 頭を前に60°傾けた姿勢

僧帽筋

頸椎

頸椎への負荷は頭の重さの
5倍におよび，僧帽筋など
に大きな負担がかかる

たしかに！

私も長時間デスクワークをしていると，腰がだるい感じになってくるんですよ。でもどうしてでしょう？　イスに座っているだけなのに……。

座りすぎによる腰痛も，スマホ首の話と共通するところがあります。

腰を支える筋肉は，脊柱起立筋，腹直筋，腹斜筋，腸腰筋などですが，**実は，真っすぐ立っているときよりも座っているときのほうが，これらの筋肉にかかる負荷が大きくなることもあるのです。**

座っている方が負担が大きいだなんて！　筋肉の負担が小さくなる座り方などはあるんでしょうか？

背もたれを後ろに倒して，股関節の角度を135°程度に大きくすれば，腰まわりの筋肉の負担を小さくできることがわかっています。しかし，それだとふんぞり返るような座り方になってしまい，デスクワークには向きません。

そこで推奨されているのが，下のイラストの座り方です。

腰まわりの筋肉の負担が
小さい座り方

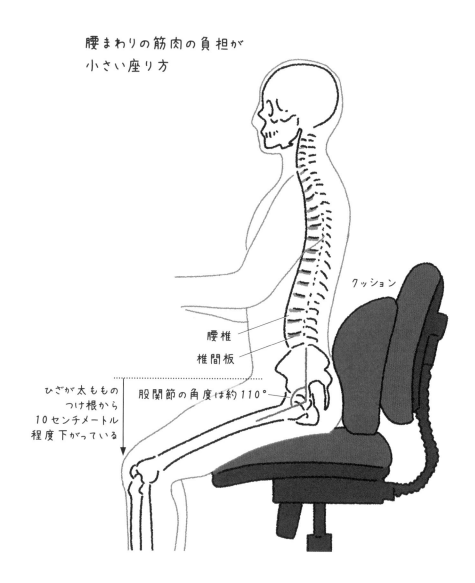

クッション

腰椎

椎間板

ひざが太ももの
つけ根から
10センチメートル
程度下がっている

股関節の角度は約110°

216

背筋を伸ばしながら，股関節を約110°に保つ座り方がおすすめです。

座面を少し高めにし，ひざを太もものつけ根から10センチメートル程度下げるようにすると，股関節の角度が110°程度に保たれます。

背中が背もたれからはなれてしまう場合には，クッションなどをはさむとよいでしょう。

イラストを見ると，姿勢がしゃんとしていて，見映えもよいですね。

ただし，どんな姿勢でもいえることですが，同じ姿勢を取りつづけていれば，同じ筋肉ばかりを使うことになりますし，血行も悪くなりがちです。

首や腰のストレスが小さい姿勢を意識するとともに，時折ストレッチや軽い運動をするなど，適度に体を動かすくせをつけましょう。

ストレッチのススメ

筋肉がかたくなってしまうと，健康に思わぬ悪影響をおよぼすことがあります。筋肉を鍛えるとともに，筋肉をケアする「ストレッチ」についても見ていきましょう。

関節の動く範囲は神経が決めている!?

筋肉の鍛錬とともに，体の柔軟性も，私たちの健康にはとても大切な要素です。

体がかたいとケガをしやすくなりますし，健康的な生活を送るためには，ある程度の柔軟性が必要です。

ここからは，柔軟性を高めるストレッチについてお話ししたいと思います。

「柔軟性」ときくと，バレリーナのような，180°開脚とか，爪先が頭につくみたいなポーズが浮かびます。私なんて，前屈しても地面に手が届かないんですよ。体のかたい人とやわらかい人って，どこがちがうのでしょう？

というか，そもそも「柔軟性」って，どういうことなんですか？

柔軟性とは，「関節が動く範囲の広さ」といいかえることができます。

218

すなわち，**「広い範囲で関節を動かせるほど，体がやわらかい（柔軟性が高い）」**といえるでしょう。

ポイント！

柔軟性＝「関節が動く範囲の広さ」

ということは，私は「関節の動く範囲がせまい」というわけですね。
うっうっ。このかたさはどうにかならないのでしょうか。

大丈夫。ストレッチをすれば，体をやわらかくすることができますよ。

本当ですか。

はい。まず，柔軟性を決める要素は大きく分けて三つあります。一つ目は**関節の構造**です。

関節の構造？

はい。関節が動く範囲の限界は，構造的にある程度決まっています。基本的な構造はみな同じですが，多少は個人差があるのです。

生まれもった要素もあるわけですか。

そうですね。二つ目は**筋線維や結合組織の弾性**です。結合組織とは，筋肉をおおったり，筋線維のすきまをうめたりしている組織のことだと説明しましたね。これに加えて，筋肉と骨をむすぶ**腱**や，関節の構造を支える**靭帯**も結合組織です。
筋線維や結合組織は，引っ張る力を加えると伸び，その力を取り去ると元に戻るというバネのような性質をもっていて，これを弾性とよびます。この弾性が，関節の動かしやすさに影響を与えて，柔軟性を左右するのです。

柔軟性には，筋肉だけでなく腱や靭帯もかかわっているんですね。

そして三つ目は，**神経系の制御**です。筋肉は，収縮すると縮む方向に力を発揮しますから，リラックスしていないとよく伸びません。筋肉が収縮したり，リラックスしたりするのは神経系の制御によるものですから，これも柔軟性に関係することになります。

柔軟性を決める三つの要素

1. 関節の構造
関節の構造は，関節が動ける範囲の限界を決める。

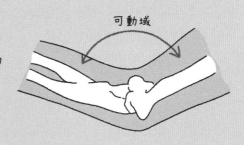

可動域

2. 筋線維や結合組織の弾性
筋線維や結合組織（筋膜，腱，靭帯など）が伸びやすい人ほど，関節を大きく動かせる。

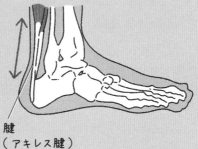

腱
（アキレス腱）

3. 神経系の制御
神経系は筋肉の活動状態（収縮しているか，リラックスしているか）を制御している。筋肉が収縮していると，十分に伸ばすことはできない。

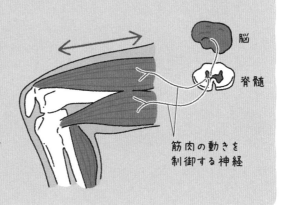

脳

脊髄

筋肉の動きを制御する神経

じゃあ，やわらかい筋肉をもっていても，力が入ってしまうと伸びないのか。

柔軟性の個人差は大きいですが，一般的に，女性は男性より結合組織が伸びやすい性質をもつといわれます。
それから，年をとると結合組織の主成分であるコラーゲンに変性がおきやすくなりますが，さらにコラーゲンどうしの結合も複雑になります。すると，結合組織が伸びにくくなり，これが年齢とともに柔軟性が低下する原因の一つだと考えられています。

なるほど〜。
柔軟性を決める要素はいくつかあって，そこに男女差や年齢も関わってくるわけですね。

そうなんです。
ただし，生まれつき体がかたいからといってあきらめずに，ストレッチなどを続ければ，体をやわらかくすることは可能です。

柔軟性の高い人（左）と柔軟性の低い人（右）。
一般的に，女性の方が男性よりも柔軟性が高い。

効果を理解してストレッチしよう

体をやわらかくするには，ストレッチとよばれる柔軟体操を行うことが有効です。
ストレッチをくりかえすことで，筋線維や結合組織の弾性が変化するだけでなく，神経系の制御も改善され，柔軟性が高まっていきます。

ストレッチって，物理的に体をほぐすだけじゃなくて，神経系にはたらきかけることができるんですね。
ところで先生，酢を飲むと体がやわらかくなるっていうのはホントなんですか？　祖父がそういってよく飲んでたんですけど……。

たしかに，料理では，酢を加えると肉がやわらかくなりますね。そこから**「酢を飲むと体がやわらかくなる説」が生まれたようですが，科学的な根拠はありません。**柔軟性を高める効果がある食品は，今のところ見つかっていません。

なんだ，やっぱりガセだったんですね。
祖父に「酢じゃなくてストレッチだよ」って教えないと。

そうですね。でも，ストレッチはその方法をまちがえると柔軟性の向上につながらないことがあるので，注意が必要です。ここで，ストレッチのポイントについてお話ししましょう。

223

まちがえたことを教えては大変だ。お願いします。

まず，筋肉には「長さ」を感知する，筋紡錘というセンサーがついています。

筋肉の中にある感覚器，でしたね！

その通りです。
103ページでお話ししましたね。もし，ストレッチの際に反動をつけたり，無理に引っ張ったりして筋肉が急激に引き伸ばされると，筋紡錘が危険を察知し，筋の伸びすぎを防ぐため"緊急安全装置"としてはたらきます。その結果，筋肉がストレッチされるどころか縮んでしまうのです。これを伸張反射といいます。

よくできてますね！

そうです。**伸張反射を防ぐため，反動をつけず，じわじわと伸ばすことが，ストレッチングの基本です。**

なるほど，反動をつけないことがポイントなんですね。

柔軟性の話から少しはずれますが，神経系の制御は「動きのやわらかさ」にも関係しています。たとえば野球では，練習のときはしなやかなフォームでコントロールのよかったピッチャーが，いざ試合となったときに大暴投してしまうことがあります。
これは緊張で体がかたくなったためなのです。

224

ストレッチの際は，静かにゆっくりと伸ばし，
伸張反射がおこらないようにする。

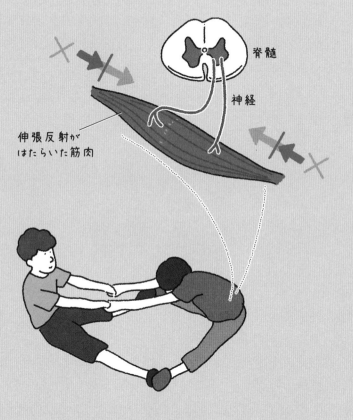

脊髄

神経

伸張反射が
はたらいた筋肉

強い力で引っ張ったり，反動をつけたりすると，
筋肉を保護するための"緊急安全装置"がはた
らき，筋肉が縮もうとしてしまう。それによって，
柔軟性の向上がさまたげられる。

ああ〜。よくありますね。

前にもお話ししたように，ほとんどの筋肉は対で存在していて，一方が収縮するともう一方の収縮は抑えられるようになっています。ところが，緊張のせいで，神経系の制御がうまくいかなくなると，両側の筋肉が同時に収縮してしまうんですね。
この現象を共縮（共収縮）といいます。
また，共縮は肉離れの原因になることもあります。

緊張で体がかたまるって，こういうしくみだったんですね。

その通りです。それから，ストレッチの際には，伸ばしたい筋肉の特徴を理解しておくことも大事です。たとえば，ヒラメ筋と腓腹筋には足関節を底屈させるはたらきがありますが，腓腹筋は足関節だけでなく膝関節もまたいでいます。そのため，膝を曲げて（腓腹筋をゆるめて）アキレス腱のストレッチをした方が，ヒラメ筋はよく伸びるのです。

なるほど〜。
筋肉のつき方がわかっていると，効率がよさそうですね。

ストレッチの際は，伸ばしたい筋肉の特徴を
理解しておくと，効率がよい。

また，ストレッチは回数も大事です。
最低でも週2〜3回はやった方がよいでしょう。

週にたった2〜3回？
毎日じゃなくていいんですか？

毎日やった方が効果は大きくなりますが，週に2〜3回で
も，週6日行ったときの7割以上の効果はあるようです
(Thomas et al. 2018)。また，**ストレッチのやりすぎは，
一時的に筋力を低下させるといわれています。**
ですから，筋力トレーニングとストレッチの両方に取り
組む場合，筋力トレーニングを行ったあとにストレッチ
をやったほうがよいでしょう。筋肉が温まっているので，
効果も高いと考えられます。

時間的な目安はありますか？

結合組織には，引っ張りつづけていると次第にやわらか
くなる性質がありますので，30〜60秒ほど伸ばしつづ
けると効果的です。一方，60秒以上やっても効果はあま
り変わらないようです。それほど時間をあけずに2〜3セ
ットくりかえすかたちであれば，1セットの時間は15秒
程度でもよいでしょう。

体のやわらかさは健康とも関係する

先生，体のやわらかさは，やっぱり健康とも関係するわけですか？

ええ，関係しますよ。あなたは前屈しても手が地面に届かない，とおっしゃいましたね。それは単に手が地面に届かないというだけではなくて，「手を伸ばしてものを取る」，「かがむ」，「歩く」といった日常的な動作が，ほかの人よりもやりにくい状態にある，といえますよね。

ゲッ！　生活全般に影響してるわけですか！

そうです。今は若くて，筋力があるから問題になりませんけど，体がかたいまま筋力がおとろえると，日常生活に支障をきたすこともありますし，積極的に運動をしようという意欲もなえてしまいます。

体をやわらかくすることは，健康な日常生活を送るうえでの基礎にもなるんですね。目からウロコです！

動作だけではないですよ。
実は，体の柔軟性が低い人ほど動脈硬化が進んでいるという研究結果も出ているのです。

動脈硬化!?

これは，横断研究（たくさんの人から同時期にデータを取得し，比較する研究）の結果なので，柔軟性と動脈硬化に直接の関係があることを示しているわけではありません。しかし，その後の研究で，脚のストレッチを4週間続けると，脚の血管が実際にやわらかくなることが示されました。このとき，脚以外の血管のかたさは改善されていなかったので，脚の血管がやわらかくなったのはストレッチの直接的な影響によるものと考えられます。

体の柔軟性って，想像以上に健康に関与してるのですね。

「動的ストレッチ」と「静的ストレッチ」を使い分けよう

運動だけでなく，さまざまな役割を担う筋肉ですが，「量」とともに，質を維持することも大切です。

質，ですか。
筋肉の質って，具体的にどうとらえればいいんでしょう？

質を示す指標の一つには，やはり**筋肉の弾性**があります。これは筋肉の伸び縮みのしやすさを意味します。筋肉の弾性には，遺伝的な影響も当然ありますが，体を動かす機会が少なかったり，偏った鍛え方をしたりすることで弾性が失われる場合も考えられます。
筋肉の弾性が低下した状態のままにしておくと，関節の可動域もせまくなってしまうのです。

筋肉がかたくなる＝質が落ちるということか。
筋肉がかたいと，関節のかたさにつながってしまうのですね。

はい。筋肉の弾性は加齢によって少しずつ失われていきます。そこで，ストレッチにより，筋肉の質の改善や維持をはかることが必要になってきます。

加齢によっても，筋肉の質はだんだんと落ちていくから，対策が必要というわけですね。
どんなストレッチをすればいいんでしょうか？

はい。ストレッチは大きく**動的ストレッチ**と**静的ストレッチ**に分けられます。

動的ストレッチと静的ストレッチ，はじめて聞きました。

動的ストレッチとは，関節をくりかえしリズミカルに動かすことで，対象の筋肉を伸縮させるストレッチ法のことです。

心拍数，血流，体温を上げながら四肢の可動域を広げることができるため，運動前のウォームアップにおすすめです。交感神経（体を興奮状態に持っていく自律神経）の活動を優位にし，気力を高める効果も期待できます。

徐々に調子を上げていくわけですね！
具体的にはどんなストレッチなんですか？

おすすめの動的ストレッチに，サッカー選手が試合前によく行う，ジョギングしながらリズミカルに脚を回したり開いたりするブラジル体操があります。
さまざまな部位を同時に動かすので，ウォームアップ効果も抜群です。

ああ，サッカー選手がよくやっていますね！

動的ストレッチ

関節をくりかえしリズミカルに動かし，対象の筋肉を伸縮させるストレッチ法。

効果：心拍数，血流，体温を上げながら四肢の可動域を広げることができる。交感神経の活動を優位にする。

行うタイミング：運動の前

 一方で，**静的ストレッチ**とは，対象の筋肉をゆっくり伸ばすものです。筋線維や結合組織をやわらかくする高い効果が期待できます。

静的ストレッチには，副交感神経（体をリラックス状態に
みちびく自律神経）の活動を優位にし，体温や心拍数を落
ち着かせて，心身を**リラックス**させる効果もあります。
**静的ストレッチは，運動前に長時間行うと筋力が低下し，
パフォーマンスの低下をまねく可能性が指摘されていま
すので，必ず運動後に行いましょう。**

ポイント！

静的ストレッチ
　　対象の筋肉をゆっくり伸ばすストレッチ法。

効果：筋線維や結合組織をやわらかくすることができる。
　　　副交感神経の活動を優位にする。

行うタイミング：運動の後

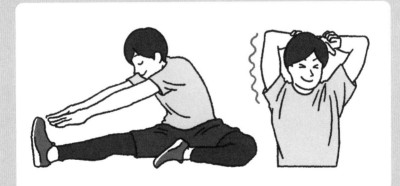

注意：
・勢いや反動をつけずに行う。
・痛みを感じる寸前まで筋肉を伸ばしたら30秒ほどその
　姿勢を維持する。

使い分けをあやまると逆効果になりそうですね！

 そうですね。
また，**どちらのストレッチも，息を止めず，細く長く呼吸しながら行うようにすることがポイントです。**息を止めると筋肉がかたくなり，関節を動かしにくくなってしまうからです。

 そうですね。息を止めると，知らず知らずに筋肉に力が入ってしまいます。

 ストレッチは特別な器具も必要ありませんので，リフレッシュやリラックスしたいときに，短時間で行うことができます。運動前後だけでなく，起床後，仕事の合間，就寝前などにもストレッチをうまく取り入れてみてください。

ポイント！

ストレッチを行う際は，息を止めず，
細く長く呼吸しながら行うこと！

いろいろなストレッチ

体がかたい（柔軟性が低い）というのは，関節の動く範囲がせまい状態のことです。そのような状態がひどくなると，日常生活に支障をきたすこともありますし，積極的に運動をしようという意欲もなくなってしまいます。このページからは，手軽にできる，静的ストレッチを紹介していきます。
デスクワークの合間などに，取り入れてみましょう。

ストレッチのポイントまとめ

- ストレッチの回数は週に2〜3回以上
- 時間の目安は一つの姿勢につき 30〜60秒
- 勢いや反動をつけずに行う。
- 痛みを感じる寸前まで筋肉を伸ばしたら，30秒ほどその姿勢を維持する。
- ストレッチを行う際は，息を止めず，細く長く呼吸しながら行う。

大殿筋のストレッチ

お尻の表層に位置し、
股関節（太ももの付け根）
を動かす大殿筋を伸ばす

後ろ脚を伸ばして座り、上体を倒
して前脚側の大殿筋を伸ばします。

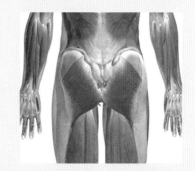

1　　　　　　**2**

床に座り、片脚を前に出して
あぐらのような状態にし、もう
片方の脚を後ろ側に伸ばす。
前脚側に体重をかける。

背筋をまっすぐ伸ばし、胸をできるだけ
張りながら、上体を前に倒す。背中
を丸めるのではなく、太ももの付け根
で体を折りたたむのがポイント。

237

腸腰筋のストレッチ

お腹の深部にあり，太もも
を前方に振りだすときに使
われる腸腰筋を伸ばす

片ひざ立ちになって，腰を前に押
しだす動きをします。背筋をまっす
ぐに伸ばし，後ろ脚の股関節をし
っかりと伸展させます。

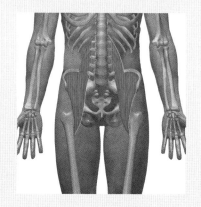

1

ひざの下にタオルを敷いておく。
ひざ立ちから，片方の脚を前にだす。
両手を腰の後ろ側に当てる。

2

背筋をまっすぐに伸ばし，
両手で腰を前に押しだす。

ハムストリングのストレッチ

**太ももの裏側にあり，ひざを
曲げるはたらきと，太ももを
後ろに振るはたらきをもつハ
ムストリングを伸ばす**

脚を伸ばして座り，上体を前に倒
してハムストリングを伸ばします。ハ
ムストリングは，股関節（太ももの
付け根）とひざ関節の二つをまたぐ
筋肉なので，ひざを曲げないように
注意します。

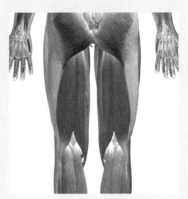

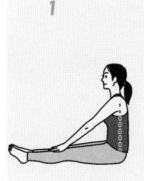

1

両脚を伸ばして
座り，背筋をまっ
すぐ伸ばす。

2

背中を丸めるのでは
なく，股関節を軸に
折りたたむ意識で，
上体を前に倒す。

3

体がかたく，背中を
丸めないと前傾がで
きない場合は，椅子
や台などに浅く座っ
て行うとよい。

大腿四頭筋のストレッチ

太ももの前面に位置し，主にひざを伸ばすはたらきをもつ大腿四頭筋を伸ばす

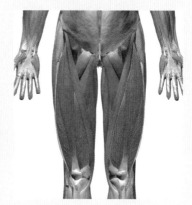

片ひざ立ちから，後ろ足のひざを深く曲げたまま，腰を前に押しだす動きで伸ばしていきます。大腿四頭筋の一部は，股関節（足の付け根）とひざ関節という二つの関節をまたぐので，ひざ関節を曲げたまま股関節も動かしてストレッチをします。

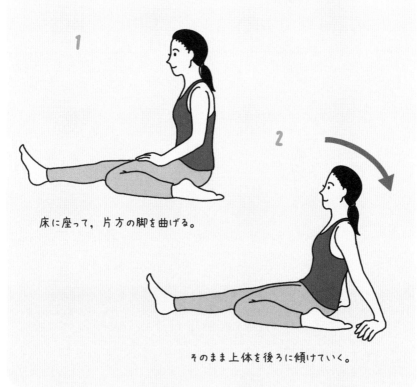

1

床に座って，片方の脚を曲げる。

2

そのまま上体を後ろに傾けていく。

腓腹筋のストレッチ

ふくらはぎの上側に位置し、
足首を伸ばしたり、ひざを曲
げたりするときにはたらく腓腹
筋を伸ばす

壁につま先を当てて、足首を深く曲
げていきます。腓腹筋は、ひざ関節
と足関節の二つをまたぐので、ひざ
を曲げないように注意します。

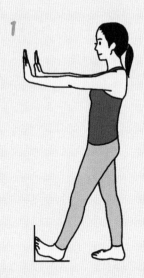

1

壁に両手をつき、片足のつま先
部分を壁に当てる。つま先を壁
に当てたほうのひざを伸ばす。

2

前脚のひざを伸ばし、両手を壁
についたまま、両肘を折りたたむ。
すると、前方に体重が乗り、前
脚のふくらはぎが伸びる。

241

腹直筋のストレッチ

みぞおちから下の部分に位置
し，背中を丸めるはたらきをも
つ腹直筋を伸ばす

うつぶせの状態から，息を吸いなが
ら背中を反らせる動きをします。

1

うつぶせになって，両手
は脇をしめて胸の横あた
りの床に置く。このとき，
両足は軽く開く。

2

腕を伸ばして，背中を
ゆっくりと反らせる（痛み
の出ない範囲で行う）。
体がかたい人や上半身
の筋力がない人は膝立
ちで行ってもよい。

3

背中を反らせた状態で
大きく息を吸うと，胸
郭が広がり，腹直筋が
さらに伸びる。

首周辺の筋肉群のストレッチ

首のまわりにあり，首をいろいろな方向に動かすはたらきをもつ頭板状筋や胸鎖乳突筋などを伸ばす

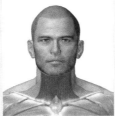

首をいろいろな方向に倒して，それぞれの筋肉を伸ばします。
背筋を伸ばして，手を頭部や首にそえ，腕や頭の重みを利用して筋肉を伸ばします。

背筋を伸ばして，両手を後頭部に置き，頭を前方に倒していく。

左手を，右の側頭部に置き，頭を左に倒していく。反対側も同じようにおこなう。

両手の親指をそろえて，あごの裏側に置き，下から押すようにして，首を後ろ側に反らす。あごをしゃくれさせるとさらによく伸びる。

首の側面を伸ばしているときに，空いているほうの腕を上に上げることで，肩甲挙筋を特にのばすことができる。

右の胸鎖乳突筋の下に左手を置き，頭を左に倒していく。その姿勢から首を伸ばす。反対側も同じように行う。

243

僧帽筋上・中・下部のストレッチ

首，肩甲骨，背中に広がり，肩甲骨を動かす
僧帽筋を伸ばす

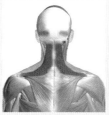 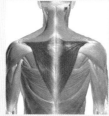

（上部）
ひざを伸ばす力を使って
腕を下に引き，同時に
首を倒すことで，僧帽筋
の上部を伸ばします。
（中・下部）
股割りのような姿勢で，
肩を前方に押しだす動き
をします。

（上部）

1. 左腕を体の後ろにまわ
   し，右手で頭を軽く抱
   える。

2. 右手でゆっくりと頭を右
   に倒し，首を曲げる。

（中・下部）

1. 両足を肩幅の2倍程
   度に開き，いわゆる股
   割りのような姿勢にな
   る。台などがある場合
   は，座って行う。

2. 片方ずつ，手のひらで
   ひざを外に押すようにし
   て，肩を前方に押しだ
   していく。このとき，胸
   は張らずに背中を丸め
   るようにする。

肩甲骨周辺の筋肉群のストレッチ

大胸筋や広背筋に加え，肩甲骨の周辺に位置する
小さな筋肉の大円筋，小胸筋などを幅広く伸ばす

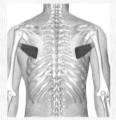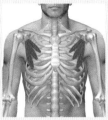

壁に両手をつき，頭を
下げていくことで背中と
肩まわりの筋肉を伸ばし
ます。胸の筋肉は壁に
片手をつく方法で，片
側ずつ伸ばします。

1. 壁から1メートルほ
   どはなれた場所に
   立ち，目線の少
   し上あたりに両手
   をつく。腕はひじ
   が曲がらないよう
   にまっすぐ伸ばし，
   指先をやや内側
   にひねる。

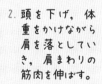

2. 頭を下げ，体
   重をかけながら
   肩を落としてい
   き，肩まわりの
   筋肉を伸ばす。

1. 壁に右手をあてる。

2. 上体を左にひねり，
   胸を張る。反対側
   も同じように行う。

内・外腹斜筋のストレッチ

脇腹にある筋肉で，胴体を横に傾けたり，ひねったりするときにはたらく内腹斜筋と外腹斜筋を伸ばす

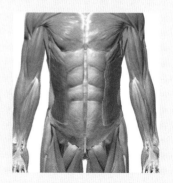

あおむけの状態から片脚を上げて，反対側に倒す動きをします。体幹を横に倒したりひねったりするときにはたらく筋肉なので，体幹を大きくひねることが重要です。

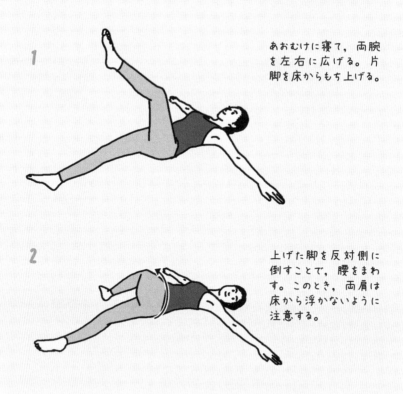

1　あおむけに寝て，両腕を左右に広げる。片脚を床からもち上げる。

2　上げた脚を反対側に倒すことで，腰をまわす。このとき，両肩は床から浮かないように注意する。

脊柱起立筋のストレッチ

背中の中央に位置する脊柱起立筋を伸ばす

背中を丸めて，脊柱起立筋を伸ばします。太ももの付け根から上体を前に倒す動きではなく，背中を丸めこむようにします。

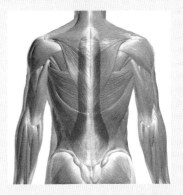

1

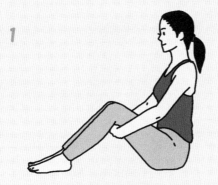

両ひざを軽く曲げて座る。両手をひざの裏にまわしてから，組む。

2

両腕でひざを抱え込むようにして，背中を丸める。おへそをのぞきこむような意識をもつとよい。

247

三角筋前部のストレッチ

肩をおおい，腕を前後に
振ったり，横に開いたりす
るときに使う三角筋の前
部を伸ばす

両手を背中側で組み，後ろに引く
動きをします。三角筋前部は上腕
を前にふり上げるようにはたらくので，
腕を後ろに引いて伸ばします。

足を肩幅くらいに開いて立ち，
両手を背中側で組む。

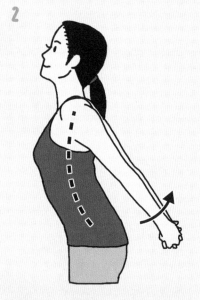

胸を張って，組んでいる手を後ろに引
く。このとき，背中が丸まらないよう
に注意する。かたい人は，片側ずつ
壁などに手を当てておこなってもよい。

ローテーターカフ（外旋筋）の
ストレッチ

肩関節の周辺にある筋肉のうち、上腕を外側にひねる動きに関係する棘下筋、小円筋、棘上筋を伸ばす

背中側に腕をまわし、反対側の手でひじを前に引く動きをします。これらの筋肉は、上腕を外側にひねるはたらきがあるので、内側にひねって伸ばします。

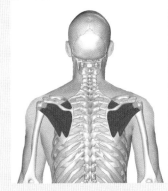

1

片方の腕を背中側にまわし、手首を腰の位置に当てる。脇を開いて、ひじを体からはなす。

2

もう片方の手でひじをもち、前方に引く。ひじが伸びたり、手首が体からはなれたりしないようにする。

ローテーターカフ（内旋筋）の ストレッチ

肩関節の周辺にある筋肉のうち，上腕を内側にひねる動きに関係する肩甲下筋を伸ばす

壁を使って，手とひじを固定したまま上体をひねることで，肩甲下筋を伸ばします。肩甲下筋は，上腕を内側にひねるはたらきがあるので，外側にひねって伸ばします。

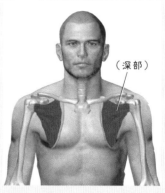

（深部）

壁に片方の手のひらを当て，もう片方の手でひじを押さえる。ひじは体側につけておく。

壁と反対方向に上体をまわすことで，上腕が外側にひねられる。ひじが体側からはなれてしまわないように，もう片方の手でしっかり押さえる。

上腕三頭筋のストレッチ

上腕の後面に位置し，主にひじを伸ばすはたらきをもつ上腕三頭筋を伸ばす

頭上でひじを曲げ，反対側の手でそれを引き上げます。上腕三頭筋の一部は肩関節とひじ関節という二つの関節をまたぐので，ひじを深く曲げたまま肩関節も動かしてします。

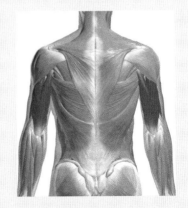

1

左腕を上げ，反対側の肩甲骨に触れるようにひじを曲げて，右手で曲げたひじをつかむ。

2

ひじをつかんでいる手で，ゆっくりと斜め下方へ引っ張る。

筋肉と栄養

体の40パーセントを占める筋肉の元となっているのは，毎日の食事に含まれる栄養です。筋トレの効果も，食事のとり方によっては半減してしまうほど，栄養というのは大切なものなのです。

筋肉の材料は「タンパク質」

 ここからは，筋肉を増やすために必要な栄養について見ていきましょう。**筋肉は，さまざまなタンパク質が集まってできています。そのため，筋肉を増やすには，タンパク質をたくさんとることがポイントになります。**

 なるほど。筋肉の材料はタンパク質であると……。

 そうです。ちなみに，タンパク質というのは，20種類のアミノ酸が鎖状につながってできたものです。

 ということは，筋トレのあとはタンパク質を十分とったほうがいいんですね。どうすればタンパク質をたくさんとれるんですか？

 筋肉の材料になるタンパク質をとるための最も簡単な方法は「筋肉を食べる」こと，つまり，動物の肉を摂取することです。

たしかに，アスリートはステーキを食べてるイメージがあります。
やっぱり**肉が一番**なんですね！

動物の肉といっても**牛や豚，鳥や魚**などさまざまありますが，これらはどれも，**消化性必須アミノ酸スコア（DIAAS）**が1（100％）以上です。DIAASというのは，ある食品の中に**必須アミノ酸**（人間の体内でつくることができる9種類のアミノ酸）がどれほどバランスよく含まれるかを，消化吸収率も考慮して数値化したものです。これが1以上なら，その食品は良質なタンパク質源と考えてよいでしょう。

ただし，牛肉や豚肉には比較的多くの脂が含まれます。**赤身肉，鶏胸肉，ささみ**など，高タンパクで低脂質な肉を食べる方が，余計な脂をとらずにタンパク質を摂取することができます。

どれぐらいの量を食べればいいのですか？

筋肉量を維持するために必要なタンパク質の摂取量は，**自分の体重1キログラムあたりで1グラム**が目安です。
あなたはまだ若いからいいですが，**50代以降になると，筋肉の量が少しずつ減ってしまいます。これにはタンパク質摂取量の減少も関係しているようなので，今のうちから意識的にタンパク質をとるようにしましょう。**

筋肉量の維持に必要なタンパク質量の目安 ＝体重１キログラムあたり１グラム

食品に含まれるタンパク質量

食品名	100gあたりの タンパク質量（g）
和牛のもも肉（焼き）	27.7
豚のヒレ肉（焼き）	39.3
鶏ささみ（ゆで）	29.6
ぶり（焼き）	26.2
あじの開き干し（焼き）	24.6
牛乳	3.2
ゆで卵	12.5

※文部科学省が公開している食品成分表（2020年版8訂）より。
　食品に含まれるタンパク質を一部抜粋

タンパク質のとりすぎもよくない

 よ〜し，明日から**バンバン肉を食べるぞ！**

 ちょ，ちょっと待ってください。ただたくさんとればいいってもんじゃないんですよ。どんな栄養素にもいえることですが，タンパク質のとりすぎは体に悪い影響をあたえます。

 とりすぎても，吸収されずに出ていくだけじゃないんですか？

 摂取したタンパク質は体の中で**アミノ酸**に分解されます。しかし，タンパク質を過剰に摂取した場合，余ったアミノ酸を分解することになります。このアミノ酸を分解する過程で，毒性のある**アンモニア**がつくられます。アンモニアは肝臓で無毒化されて尿素となり，さらに腎臓で尿となって，最終的には体外に出ていきます。

 無毒化されて体外に出ていくなら，問題ないじゃないですか？

 ただちに問題がおきるわけではないですが，分解するアミノ酸の量が多いと，**肝臓**や**腎臓**に大きな負担がかかります。これにより，肝疾患や腎疾患のリスクが高まるといわれています。

 それはまずいですね！

それだけではありません。**タンパク質にも，糖質や脂肪と同じようにカロリーがありますから，とりすぎれば太ってしまうのです。**タンパク質が直接脂肪に変わるわけではないにしても，タンパク質がエネルギー源として使われた分だけ，体内にある糖質や脂肪は使われずに残ってしまいます。ですから栄養素が何であれ，カロリーのとりすぎは体重を増やします。

過ぎたるはなんとやら，ですね。

その通りです。運動量の多いアスリートの場合，タンパク質の1日の適正摂取量は**体重1キログラムあたり2グラムまで**だといわれています。体重60キログラムのアスリートであれば，120グラムまでが適正量ということになりますね。

ということは，私みたいな一般人は，それよりも少ない方がいいわけですね。

日常的にあまり運動をしていない人の場合，先ほどお伝えしたように，**体重1キログラムあたり1グラム**で十分と考えてください。
一般人は，アスリートほどエネルギーの消費量やタンパク質の合成量が多くありませんから，このくらいで十分なんです。筋トレなどをせずに，タンパク質の摂取量だけを増やしても筋肉でのタンパク質合成量はほとんど増えません。それどころか，先ほどお話しした通り，体に悪い影響が出てくる可能性があるのです。

食事の間隔はあけすぎないで

 筋肉をつけるためには，一つひとつの栄養素だけでなく，食事のタイミングにも気をつけないといけません。

 食事のタイミング？　どんなことでしょう？

 まず，**最も基本的なことは，「体を飢餓状態にしない」と****いうことです。**

 えっ，どういうことですか？

 いわゆる「お腹がすいた」という飢餓状態では，血糖値が低下しています。このとき，体は飢餓状態という”非常事態”に対処するため，ストレスホルモンを分泌します。このストレスホルモンには，筋肉にあるタンパク質を分解することで，生命活動に必要なエネルギーをおぎなうはたらきがあります。つまり，**空腹になると，筋肉****の分解が進みやすくなってしまうんです。**

筋肉が分解される!?

空腹になると，まず肝臓や筋肉の中に貯蔵してあるグリコーゲン（糖質）がエネルギー源として使われ，その量が減っていきます。しかし，体の中にためておけるグリコーゲンの量はあまり多くないので，これがなくなってしまった場合は筋タンパク質をエネルギー源とせざるをえないのです。

筋肉は，運動していないときでも結構な量のエネルギーを消費しています。そのことを考えれば，筋肉の量を減らすことはエネルギー消費量の減少につながるので，飢餓状態においては理にかなった反応だといえます。

あらためて，空腹ってよくないんですねえ……。
具体的には，どのようなタイミングで食事をとればよいのですか？

無駄な脂肪をつけずに，筋肉をつけるための食事法の基本は，**「食事の間隔をあけすぎないこと」です。**

食事の間隔をあけすぎない……？

たとえば，一般的な昼食と夕食の間隔は**6時間**くらいでしょうか。その間にも1度，**軽めの食事**をとるようにします。つまり，**空腹をがまんするどころか，「空腹になる前に食べる」という食事法が，筋肉を減らさないためには有効なのです。**また，こうすることで，1回の食事で大食いをすることもさけられます。

なるほど。会社の上司が，「最近腹が出てきた」とかいって，たまに昼食を抜いたりしてるんですけど，それはよくないわけですか。

そうですね。食事回数は少なくても，1度にたくさん食べてしまっているかもしれません。昼食を抜くといえば，ダイエットで気をつけたいのが，「1食抜いて，1日の食事量を減らすこと」です。このやり方で食事量や摂取カロリーが減れば，もちろん体重は減ります。でも，このとき，脂肪量と同時に筋肉量も減ってしまいます。食事の回数を減らしたことで飢餓状態になり，先ほどのしくみによって，筋タンパク質の分解量が増えてしまうからです。

食事を抜くのではなくて，1回の食事量を減らせばいいんですね。

そうですね。減量期こそ朝・昼・晩と，バランスのとれた食事を腹八分にとることが，筋肉量の減少を抑えるためには大切だと思います。なお，日常的によく体を動かしている人であれば，食事量を制限しても筋肉量はほとんど減らないことがわかっています。ですから，どうしても体重を落としたければ，食事量の制限と筋トレなどの運動をセットで行うとよいでしょう。

ポイント！

食事の間隔はあけすぎない！

空腹になると筋肉の分解がすすんでしまう。空腹になる前に，バランスのとれた食事を腹八分にとることが，筋肉づくりの基本。

筋力低下を抑えるには「ビタミン・ミネラル」！

次に，運動などによっておこる筋肉の疲労や，そこから
の回復にかかわる栄養素についてもご紹介しましょう。

運動に疲労はつきものですから，大事な栄養素ですね！

たとえば，ビタミンCやビタミンE，多くの野菜や果
物に含まれているポリフェノールは，抗酸化物質と
よばれ，活性酸素（種）から体を守るはたらきをします。
**活性酸素は，激しい運動によって産生量が増えることか
ら，筋肉に疲労やダメージをもたらす一因と考えられて
います。**
また，まだくわしくはわかっていませんが，活性酸素と
病気や老化の関係も注目されています。よく運動をする
人ほど，抗酸化物質をしっかりとりましょう。

私，あまり野菜や果物が好きじゃないんですよね……。

そうなんですね。
野菜や果物には，先に述べたようなビタミンのほか，健
康の維持には欠かせないカルシウム，カリウム，鉄とい
った微量のミネラルも含まれています。
**また，食物繊維も豊富に含まれています。これらすべて
の必要量を，野菜や果物抜きでとることはなかなかむず
かしいのです。**

たとえばサプリメントじゃだめなのですか？

基本的に，ちゃんと野菜や果物を食べて摂取するのがよいですね。サプリメントでもビタミンやミネラルは摂取できますが，とりすぎによって，かえって健康を損なう可能性があります。日常的に野菜や果物を食べていれば，1回の食事で広範囲のビタミンやミネラルを適量，摂取することができるのです。

ビタミンやミネラルをバランスよく，そしてちょうどよくとるには，やっぱり食事の方がいいってことですね。

そうですね。
減量中など，サプリメントが役に立つ場面も確かにありますが，とりすぎには要注意です。

トレーニング後の食事

運動後って，お腹がすきますよね。運動直後も，やっぱり何か口にした方がいいのでしょうか？

いい質問！　それでは，「筋肉づくりのための運動後の食事法」もご紹介しておきましょう。
そのポイントは，**「運動をした後の30分以内にタンパク質を摂取すること」**です。

すぐに食べた方がいいんですね！

先ほど,「食事の間隔をあけすぎないで」という話をしましたが,運動後は前の食事から時間があいているはずです。食事の間隔をあけすぎないためというのが,運動後すぐに食べた方がよい理由の一つです。
また,**筋トレなどの激しい運動をした直後の数時間は,筋肉の中でのタンパク質合成が特に高まる時間帯です。運動後にできるだけ早く食事をとり,筋タンパク質の材料となるアミノ酸を供給してあげられれば,この反応が効率よく進むと考えられます。**

なるほど!

タンパク質の量としては,20～30グラムを摂取すれば十分といわれていますが,実はタンパク質以外にも重要な栄養素があるのです。

タンパク質以外に!?　一体それは何ですか?

それは糖質です。
激しい運動をすると,多くの糖質が消費されるのですが,これを補給しないと,せっかく摂取したタンパク質が糖質のかわりにエネルギー源として利用されてしまいます。
タンパク質と一緒に糖質を摂取することで,タンパク質が筋肉づくりに使われやすくなるのです。

糖質というと,**おにぎり**とかでしょうか。
タンパク質に加えて糖質も,となると,意外としっかり食べないといけないですね。糖質はどのくらいとればよいのでしょうか?

これまでの研究では，**タンパク質と糖質の量がだいたい同じか，糖質の量を少し多めにした溶液やサプリメントを摂取させていることが多いようです。**
仮にタンパク質を20グラムとるとすると，糖質を20〜30グラムくらいとればよい計算ですから，おにぎりだったら1個で十分ですね。

そうなんですか。野球部時代，試合や練習の後に食べたおにぎりはボールぐらいでかかったなあ。

ハハハ！　いいですね。

これから運動するときは，すぐに食べられる物をもっていくようにしよう！

ポイント！

筋タンパク質の合成を高めるには，
運動後 30 分以内に栄養素を摂取する。

動物の肉には必須アミノ酸がバランスよく含まれているため，どれを食べてもよいとお話しししました。
しかし魚介類の肉には，他の肉とは異なる特徴がいくつかあるんです。

魚介類もですか。

はい。魚介類の肉の特徴として，脂肪が比較的少ないことが挙げられます。また，魚介類の肉に多く含まれる栄養素の中で，注目すべきものとしてEPA（エイコサペンタエン酸）が挙げられます。

EPAですか。はじめて聞きました。

EPAは，魚油（魚の脂肪油）に多く含まれていて，抗炎症作用があるといわれています。EPAを継続的に摂取していると，激しい運動をした翌日や翌々日におこる筋肉痛や筋力の低下が抑えられるようです。

そうなんですか！

また，アミノ酸の1種である**タウリン**にも，EPAと似たような効果があるようです。さらに，**タウリンを摂取することによって，運動中の疲労が抑えられたり，運動後の疲労回復が早まったりすることが，動物実験では示されています。**

タウリンって，栄養ドリンクの宣伝でよく聞きますよね。本当に疲労に効くんですね。

そうなんですよ。そして，魚介類の中でも，タウリンが多く含まれるのは**貝類**なんです。
貝は大昔から人間が好んで食べていた食材ですね。

貝類ですか！
イカや**タコ**はどうですか？　大好物なんですけど。

お！　いいですね。タウリンは貝類のほかでは，イカやタコ，エビにも多く含まれているんですよ。

やった！　じゃあ, お寿司なんて最強じゃないですか。
ひんぱんに摂取できないのが難点ですが。

ポイント！

筋肉を激しい運動によるダメージから守る栄養素「EPA」や「タウリン」は，魚介類に多く含まれている。

極端な糖質制限はNG

今，短い期間で減量効果が出やすい**糖質制限ダイエット**が注目されています。

聞いたことがありますね。食事から摂取する糖質を，大幅に減らすものですよね？

そうです。体の中にある余分な糖質は，**インスリン**の作用によって，脂肪細胞に取り込まれます。糖質制限ダイエットは，摂取する糖質を減らすことで，インスリンの分泌を抑えることを目的とするものです。ですから，低インスリンダイエットとよばれることもあります。

実はちょっと興味があるんですよね〜。

糖質制限ダイエットを全否定するつもりはありませんが，筋肉をつくる観点から考えると，極端な糖質制限はおすすめできません。
なぜなら，糖質は筋肉づくりに欠かせない栄養素だからです。

先ほど，運動後にはタンパク質と一緒に糖質をとるとよい，という話もありましたからね。

糖質は筋肉に取り込まれると，**筋グリコーゲン**として蓄えられます。筋グリコーゲンの量は成人男性で**500グラム程度**で，全身の筋肉量の1〜2％を占めています。

ふむふむ。

そして，長時間の運動や糖質制限によって体内の筋グリコーゲンが減ると，筋線維の中で**AMP活性化プロテインキナーゼ（AMPK）**という酵素が活性化します。

エー・エム・ピー……？

「AMPK」と覚えてください。
この酵素が活性化すると，筋肉をつくるためのタンパク質の合成が強く抑えられてしまうのです。

ええっ！

それと同時に，**速筋線維が遅筋線維のような性質を帯びてくるのです。**
速筋線維よりも遅筋線維の方が燃費がよく，エネルギー不足に耐えられるため，このような変化が起こるのだと考えられます。

筋トレの主な効果は速筋線維を太くすることなのに，台無しですね！

筋トレの効果がなくなるどころか，せっかく鍛えた筋肉が減ってしまう可能性すらあります。極端な糖質制限はやめておきましょう。

サプリメントの使い方

 先生，栄養素はなるべくなら食品から直接とるのがよいとのお話でした。でも，今はいろいろな**サプリメント**がありますよね。これらはどのように取り入れればよいのですか？

 サプリメントがダメだといっているわけではないんですよ。サプリメントに頼りすぎて，肝心の食事がおろそかになることがよくないのです。
たとえば，タンパク質を主成分にした**プロテインサプリメント**は，炭水化物や脂質の割合が少なく，低カロリーなので，体重を減らさなくてはいけない人にはおすすめできます。

 普通の食品からタンパク質をたくさんとろうとすると，どうしても食事量が多くなってしまいますからね

 また，先ほどもお話ししましたが，運動直後にタンパク質と糖質を摂取すると筋タンパク質の合成が高まることが知られています。

とはいえ，運動直後にタイミングよく食事をとることは，場所や時間の都合でむずかしいかもしれません。

そういうときには，持ち運びしやすく，短時間で栄養をとりやすいプロテインサプリメントが，やはり便利だといえるでしょうね。

状況によっては役立つわけですね。

そうですね。ただ，一般の人であれば，体重1キログラムあたり1グラムのタンパク質で十分とお伝えしましたよね。本来，この程度の摂取量であれば，プロテインサプリメントは必要ありません。また，サプリメントとちがい，**普通の食事はほかの栄養素も同時に摂取できますから，結局は効率がよいといえます。**
サプリメントに手を出す前に，バランスのよい食事を意識することからはじめてみましょう。

サプリメントは，状況に合わせてうまく取り入れるといいんですね。

そうですね。たとえば，とくに筋トレなどの激しい運動の前後には，**分岐鎖アミノ酸（BCAA：Branched Chain Amino Acid）**をとるとよいといわれています。

ぶんきさアミノ酸？

はい。分岐鎖アミノ酸（BCAA）とは**バリン，ロイシン，イソロイシン**というアミノ酸のことで，これらは共通する分子構造をもっているので，このように総称されます。

なるほど。3種類のアミノ酸の総称なんですね。
そのBCAAは，筋肉にどんな効果があるんですか？

私たちの筋肉ではタンパク質の合成と分解が常に行われていて，普段はそのバランスがとれています。
BCAAには筋タンパク質の合成を促進し，筋タンパク質の分解を抑える効果があるので，筋トレの後に摂取することで筋肉の成長が促されます。また，運動前に摂取するとエネルギー源となり，筋肉の中にあるグリコーゲンを節約できるので，持久力を高める効果あります。

そういえば，BCAAが配合されたスポーツドリンクのCMを見たことがあります。今度から，運動する前に飲んでみよう。

4

時 間 目

アスリートの筋肉

驚異の筋肉遺伝子

最後に，驚異的なパフォーマンスで見る者を圧倒するアスリートたちの筋肉には，一体どのような秘密があるのかにせまりましょう。

短距離は西アフリカが強い!?

 先生，**アスリート**の人たちって，筋トレも，筋肉のケアも食事も，完璧にコントロールして鍛え上げているわけじゃないですか。そんな人たちの筋肉って，やはりすごいんでしょうねえ。

 たしかに，**驚異的なパフォーマンス**を実現するアスリートの筋肉は特別です。
筋肉のお話のしめくくりとして，彼らの筋肉にはどのような特徴があるのかについて，お話ししましょう。

 すごく興味あります！

 トレーニングももちろんですが，筋肉には遺伝的な要素もあります。実は，アスリートの筋肉と遺伝子，そして感染症の関係についての，興味深い**仮説**があるんです。

 筋肉と感染症に関係が!?

私たち人類の歴史は，感染症と切っても切れない関係にあります。医学は感染症との戦いによって進歩したといっても過言ではありません。

それはそうですよね。新型コロナの流行を見ていると，すごく実感できます……って，それがアスリートの筋肉とどんな関係にあるんですか!?

はい。西アフリカの選手がスピードやパワーを必要とするスポーツ競技で強いのは，その地域で古くからマラリアが流行していたためではないかという仮説が2006年に発表されたのです。

この仮説のもとになったのは，1968年のメキシコオリンピックに出場した1000名以上のアスリートを対象とした調査でした。この調査で，アフリカ系アスリートは高い割合で鎌状赤血球遺伝子をもっていることがわかったのです。

鎌状赤血球とは何でしょうか？

血液の中で酸素を運ぶ赤血球は，通常では**円盤型**をしています。ところが，鎌状赤血球の遺伝子を一つもっている（両親のどちらかから受け継いでいる）と，4割くらいの赤血球が**鎌状（三日月型）**になってしまいます。
鎌状赤血球はもろく，血管に詰まりやすいという特徴をもっています。

赤血球が三日月型……。
ひょっとして，それがマラリアと関係が？

その通りです！
マラリアの病原体であるマラリア原虫は，赤血球の中で増殖するのですが，鎌状赤血球はすぐ壊れてしまうので，鎌状赤血球遺伝子をもっている人はマラリアを発症しにくいのです。ただ，その一方で，赤血球がもろく血管に詰まりやすいわけですから，酸素を運ぶ能力は普通の人より低いはずです。

じゃあ，激しい運動はできないですよね？

ええ。**でもそのかわりに，速筋線維が発達して，無酸素性のエネルギー供給機構が強化された，つまり「赤血球の遺伝子の変異によって筋肉が速筋型になったのではないか」**というのが仮説の主旨です。

memo

鎌状赤血球症（異常ヘモグロビン症）

　この病気は遺伝性で，ほぼ黒人だけが発症する。両親から受け継いだ遺伝子が二つとも異常である場合，重い貧血症となる。異常な遺伝子が一つだけの場合，日常生活に支障はない。

　1968年に，酸素が薄いメキシコシティで開催されたオリンピックの参加選手に対して大規模な遺伝・生物学調査が行われ，アフリカ系アスリートが高い割合で鎌状赤血球遺伝子をもっていることがわかった。このことから，鎌状赤血球遺伝子をもつアフリカ系アスリートは，無酸素性のエネルギー供給を発達させることで，酸素運搬能力の低下をおぎなっているのではないかと推測されている。

参考文献：E Y S A Morrison，P D Cooper，Some biomedical mechanisms in athletic prowess.West Indian Med J. 2006 Jun;55(3):205-9.

そうか！　長い間マラリアが蔓延していたから，西アフリカでは，マラリアを発症しにくい遺伝子変異が自然と広まったということなのですね。そしてそれが，筋肉の変化をもたらした可能性があると。

ええ。今のところ，鎌状赤血球遺伝子をもっている人の筋肉が速筋型であるとまでは証明されていませんが，スピードやパワーを必要とする競技での成功率が高いことは，複数の研究結果が支持しています。

遺伝子の変異が陸上競技の選手の肉体に影響を与えている
ということは，やはりアスリートになるような人は，何か"特
別な遺伝子"みたいなものをもっていることになりますか？

 運動能力に関係する遺伝子はたくさんあるので，優秀な
アスリートは一つのすごく特殊な遺伝子をもっていると
いうよりは，**たくさんある遺伝子のどれもがアスリート
向き（その競技に適した遺伝子のタイプ）なのだと思いま
す。**個々の遺伝子のタイプは，特別珍しいものではない
ことが多いです。一つの例をご紹介しましょう。それは
アンジオテンシン変換酵素（angiotensin-converting
enzyme:ACE）遺伝子の多型，いわゆるACE（エー
ス）遺伝子多型です。

 "エース遺伝子"だなんて，いかにもアスリートっぽ
いですね！

そうですね。

ACEとは，簡単にいえば血圧を上げるはたらきをする**酵素**です。このACEには，酵素のはたらきが比較的弱い**I型**と，強い**D型**が存在します。私たちは両親から一つずつACE遺伝子を受け継ぎますから，その組み合わせは**DD型**，**ID型**，**II型**の三つとなります。

ああ，だから「多型」というのですね。
組み合わせで3パターンあるわけですね。

はい。その3パターンのACE遺伝子の組み合わせによって運動能力がことなっていたとの研究報告があるのです。それによると，**I型の遺伝子をもっている人は持久系の競技者に多く，D型の遺伝子をもっている人はパワー系の競技者に多いようです。**

やっぱり，遺伝子は関係あるんですね！

25名の**登山家**と1906名の英国人男性のACE遺伝子を比較した調査研究も有名です。
この調査では，**登山をする人ではII型が多く，DD型が少ないことがわかりました。**
さらに，酸素ボンベを使わずに標高8000メートル以上の山を登った経歴をもつ男性登山家15人（血縁関係を含まない）を対象とした調査では，II型が**6人**，ID型が**9人**で，DD型は一人もいませんでした。

登山家にはII型やID型が多い？

そうですね。

この調査結果からも，**II型は持久力が高く，DD型は瞬発力が高いことが推察されます。**

ただし，その後の研究では，優秀なアスリートと一般人の間で，ACE遺伝子のタイプに違いはなかったという報告もいくつかあります。

結局，三つのタイプしかありませんから，どれであったとしてもそれほど珍しいわけではなく，この遺伝子だけで運動能力が決まるとは考えない方がよいでしょう。

じゃあ，気にしすぎるのはよくないですね！

memo

ACE遺伝子

アンジオテンシン変換酵素（タンパク質の一つ）の"設計図"。

　I型……酵素のはたらきが比較的弱い
　D型……酵素のはたらきが比較的強い

両親からどちらを受け継いだかによって「DD型」「ID型」「II型」に分かれる。

競技力に影響する「ACTN3遺伝子」

運動能力に関係する遺伝子はたくさんあるとのことですが，ほかにはどんなものが見つかっているのでしょうか？

そうですね。
いくつか筋肉の性質を左右する遺伝子が報告されています。有名なものとして**ACTN3遺伝子**があります。これは**αアクチニン3**という速筋線維だけに存在するタンパク質の遺伝子です。ACTN3遺伝子には，正常なαアクチニン3をつくれる**正常型（R型）**と，まったくαアクチニン3をつくれない**変異型（X型）**があります。

速筋線維って，瞬発力のある筋線維でしたね。
タンパク質をつくることができなくなってしまう変異もあるわけですか……。

そうなんです。その遺伝子型を父親と母親から一つずつ受け継ぐわけですから，組み合わせによって**RR型**，**RX型**，**XX型**の三つのタイプができます。ACE遺伝子の多型と同じですね。

それぞれ筋肉にどういうちがいが出るんですか？

RR型とRX型をもつ人は瞬発力に優れているといわれています。 ただし，R型遺伝子をもつことの優位性は100m走で認められた一方，400m走では認められなかったという研究があります。

ということは，ACTN3遺伝子は瞬発力の中でも，とくに短時間の瞬発力にかかわっているってことか。

その通りです。
この研究は日本人男性の陸上競技選手を対象としたものでしたが，100m走のタイムをよく見ると，**XX型は「遅い」というよりも「速い人がいない」**のです。

そんな！ だとしたら，XX型だったらどんなに努力してもムダってことですか!?

この結果からそこまではわかりませんが，100m走を10秒前半で走るくらいのレベルになるまでは，遺伝子のちがいはあまり関係ないという見方もできます。また，この研究からわかることですが，両親が二人ともRX型で足が速かったとしても，生まれてくる子どもがXX型となる（才能を引き継げない）可能性はあるわけです。

ACTN3遺伝子の三つの型をもつ選手とと競技力の比較
日本人陸上競技男性選手を対象とした研究（2014年）

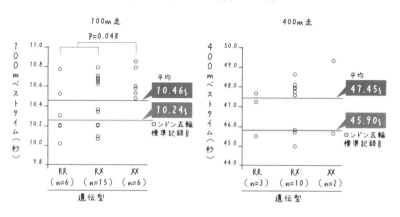

出典：Eri Mikami, Noriyuki Fuku, et al. ACTN3 R577X genotype is associated with sprinting in elite Japanese athletes. Int J Sports Med. 2014 Feb;35(2):172-177.

親がすごいアスリートだとしても，必ずしもその才能が子どもに受け継がれるわけではないんですね。
親が何をしていたかに関係なく，自分の遺伝子に合った競技を選ぶのがよさそうですね。

ミトコンドリアも遺伝子に左右される!?

瞬発力に関係すると考えられているACTN3遺伝子とは対照的に，持久力に関係すると考えられる遺伝子もあります。その一つが，PPARGC1Aとよばれる遺伝子です。これは，筋肉の中でミトコンドリアの量や機能を調節しているタンパク質，PGC-1αの設計図となる遺伝子です。この遺伝子にも，AA型，GA型，GG型の三つのタイプがあることがわかっています。

ミトコンドリアって，エネルギーの製造工場で，遅筋線維に多くあるんでしたよね。だから持久力に関係するということですか。

その通りです。
131ページで説明したように，ヒトの筋線維はⅠ型，Ⅱa型，Ⅱx型の3種類に分類できます。
このような筋線維のタイプと，PPRAGC1A遺伝子との関連を調べた研究があります。19～79歳までの日本人214名を対象にした調査の結果，男性でははっきりとした関連性はありませんでしたが，女性では関連性が認められました。

具体的には，PPARGC1A遺伝子がAA型の女性は収縮速度の遅いI型線維の割合が多く，収縮速度の速いIIx型線維の割合が少ないことがわかりました。また，この研究では，PPARGC1A遺伝子のほかにも，ミトコンドリアのエネルギー産生にかかわるNRF1という遺伝子と筋線維組成との間にも関連があったと報告されています。
NRF1遺伝子のAA型をもっている女性は，I型線維の割合が多く，IIx型線維の割合が少なかったのです。

男女差もあるわけなんですねえ。

これまでお話ししてきた遺伝子は，いずれも私たちの細胞の核にしまわれています。
しかし，ミトコンドリアは，細胞核にあるDNA（デオキシリボ核酸）とは別に，mtDNA（ミトコンドリアDNA）という独自のDNAをもっています。このmtDNAの多型も筋肉のタイプに関係している可能性があります。

なるほど。

元オリンピック選手計141人のmtDNAを解析したところ，**持久系のアスリートでは「G1型」，瞬発系のアスリートでは「F型」というタイプの割合が，一般人の割合よりそれぞれ2～3倍大きかったという研究結果があります。**つまり，元オリンピック選手のmtDNAには，種目によるかたよりがあったのです。

はっきりとしたデータが出たんですね。
でも先生，そうなると，スプリンターを目指しているのに遺伝的にどうがんばっても無理，というケースもありませんか……。

オリンピックの金メダルを目指すのならそうかもしれませんが，筋線維の組成は，トレーニング次第で多少変わることがわかっています。また，ここで紹介したものはほんの一部で，運動能力にかかわる遺伝子はもっとずっとたくさんあります。
そもそも私たちの体には，まだ何をしているのかもわからない遺伝子だってあるのです。運動能力に関係する遺伝子の発見は，今後も続くでしょう。

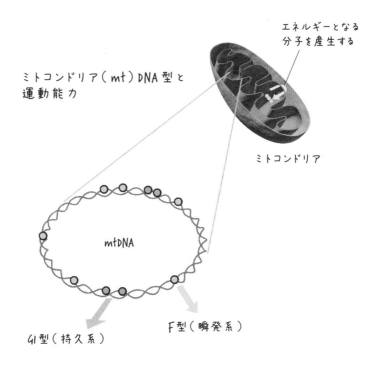

ミトコンドリア（mt）DNA 型と運動能力

エネルギーとなる分子を産生する

ミトコンドリア

mtDNA

GI型（持久系）

F型（瞬発系）

筋肉の“質”と競技種目には適した組み合わせがある

よくスポーツニュースなんかで，優れたパフォーマンスを発揮するアスリートに対して，バネのある選手という言葉を使いますよね。これって，どういうことなんでしょう。

筋線維やアキレス腱などの腱組織には，バネのように伸び縮みをする性質（弾性）があるとお話ししましたね。このような伸び縮みを上手に使えているアスリートが，バネのある選手とよばれているのだと思います。

筋肉や腱の伸び縮みをバネにたとえているのか。

そうです。
そうした，筋肉や腱の弾性が競技能力にどのくらい影響をおよぼすのかを調べた研究があります。
この研究では，短距離選手と長距離選手を対象にして，太ももの前側にある外側広筋のスティフネスを比較しています。スティフネスというのは，バネのかたさをあらわす指標で，数値が大きいほどかたいバネであることを意味します。

なるほど。
どういった結果が出たんですか？

長距離走選手の筋肉は短距離走選手の筋肉よりもかたい（スティフネスが大きい）ことがわかりました。

一方，短距離走選手だけを対象にして，筋肉のスティフネスと100メートル走のタイムとの関連を調べたところ，スティフネスが大きい選手のほうがタイムがよいことがわかりました。

ほお〜！　短距離走選手の筋肉は長距離走選手よりもやわらかいのに，タイムのよい短距離走選手ほどかたい筋肉だったんですね。

そうなんです。
一方，長距離走選手では，やわらかく，伸び縮みしやすい筋肉を持つ人のほうがタイムがよいことがわかりました。**つまり，筋肉はかたいほど，あるいはやわらかいほどよいといった単純なことはいえないのです。おそらく最適な（ちょうどよい）かたさというものがあり，それは競技種目によってもことなるのだと考えられます。**

一流スプリンターの筋肉はどこがちがう？

一流のアスリートは，遺伝的に恵まれていることにくわえて，過酷なトレーニングによって，ものすごい筋肉をつくりあげているんでしょうね。
普通の人の筋肉とどこがちがうんでしょうか？

2008年に100メートル走の世界記録を出した，ジャマイカの短距離走者，**アサファ・パウエル選手**をご存じでしょうか。

パウエル選手は，スタート直後の**爆発的な加速**で知られていました。実は，パウエル選手が来日した際に，ランニング動作と筋肉の分析が行われたことがあるんです。

えっ，すごい！
100メートル走の歴代十傑の一人じゃないですか！
一体どんな筋肉をしているんだろう。

そもそも，**走る速さというのは，「地面をける力の強さ」と「力をかける時間の長さ」の掛け算であらわされる力積の大きさで決まります。**

りきせき？

はい。**地面をより強い力で，より長くけることができれば，力積が大きくなって，速度が上がるというわけです。**地面についている脚が，体よりも前にあるときの力積（ブレーキ）よりも，後ろにあるときの力積（アクセル）のほうが大きければ，だんだんと速度は上がることになります。パウエル選手のスタートダッシュをくわしく分析した結果，足で地面をけっている時間（接地時間）が，日本のトップ選手よりも**1.4倍**ほど長いことがわかりました。つまり，接地時間を長くすることで力積を大きくし，加速に長い時間を使っていたわけです。

ど，どうしてそんなことが可能なんですか。

これは，大殿筋やハムストリング，そして大腰筋が強じんだからこそ可能なのでしょう。

実際に，パウエル選手の大腰筋の太さを調べたところ，日本のトップスプリンターの約2倍もあったそうです！

 筋肉の太さが2倍〜!?

 すごいのは，加速力や筋肉の太さだけではありませんよ。たとえば，現在の100メートル記録保持者であるウサイン・ボルト選手は，60メートル地点をすぎたあたりでトップスピードに到達していました。
その速さは秒速12メートル以上，時速44キロメートルをこえる速さです。

 ヒョエ〜！

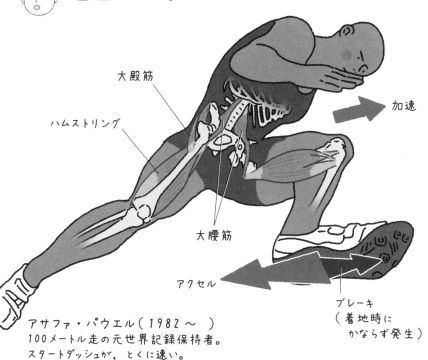

大殿筋

ハムストリング

加速

大腰筋

アクセル

ブレーキ
（着地時に
かならず発生）

アサファ・パウエル（1982〜　）
100メートル走の元世界記録保持者。
スタートダッシュが，とくに速い。

これほどのトップスピード出せるのは，ふくらはぎの筋肉とかかとの骨をつなぐ**アキレス腱**があるからなのです。実は筋肉のはたらきだけでは，ここまで速くは走れないのです。

速さの秘密はアキレス腱ですか！

そうです。
速度が上がると，接地時間はどんどん短くなります。その状態でさらに速度を上げるには，瞬間的に大きな力で地面をけらなければなりません。**つまり筋肉は，大きな筋力を出しつつも，速く動かす必要があるのです。**
ところが筋肉は，速く動かすほど出せる力が小さくなってしまうという性質をもっているのです。
そこでアキレス腱の出番です！
腱は，長いほど大きく伸び縮みできる，まさに"バネ"と同じなのです。

じゃあ，一流選手はアキレス腱が長いと？

パウエルやボルトのデータはわかりませんが，一般にアフリカ人はアジア人よりもアキレス腱が長いといわれています。もちろん長ければ長いほどよいというわけではないはずですし，アキレス腱のもつバネをうまく使えていない人も多いと思います。でも使いこなせれば，とても強力な武器になってくれるはずです。

ひえ〜。
アキレス腱って，筋肉に劣らず重要なんだなぁ……。

さらにボルト選手の場合，アキレス腱以外にも高い加速を出せる秘密がありました。

それは**走法**と**体型**が理想的に融合しているからです。速く走るためは，「ひざや足首を使って地面を強くける」とか，「ももを高く上げる」と教わったことはありませんか？

ええ，中学の部活でもそう習ってきました。

しかし，最近の研究によると，ボルト選手をはじめとした世界の一流スプリンターは，地面をける際にひざや足首にたよっておらず，ももを高く上げてもいないようなのです。走っている映像を分析したところ，股関節を中心に，脚を"振り子"のように回転させるフォームであることがわかったのです。

ふ，振り子？

一流のスプリンターは，接地中にひざや足首をあまり曲げ伸ばしせず，"固めた"状態で走っているのです。

ええ〜！

空中にある脚の動かし方にもポイントがあります。
一流のスプリンターは，太ももの引きつけが速いとよくいわれます。
つまり，股関節を中心にももを高く上げるというよりも，ももをより早いタイミングで，よりすばやく前方へ運ぶことが大切だとみられています。

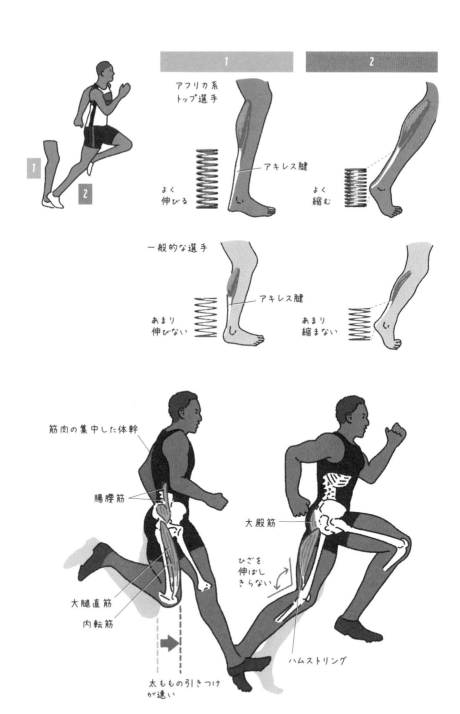

1

2

| 1 | 2 |

アフリカ系
トップ選手

よく
伸びる

アキレス腱

よく
縮む

一般的な選手

あまり
伸びない

アキレス腱

あまり
縮まない

筋肉の集中した体幹

腸腰筋

大殿筋

ひざを
伸ばし
きらない

大腿直筋

内転筋

ハムストリング

太ももの引きつけ
が速い

なるほど，だから振り子かあ。

こうした動きには，**パウエル選手のところでご紹介した大腰筋をはじめ，股関節まわりの筋肉群が強く関係しています。**

実は，ボルト選手の脚が長いことは，股関節をすばやく回転（屈曲）させるには不利なのです。しかし，ボルト選手は**体幹（胴体）**部や太ももの付け根に筋肉量が多い一方，ふくらはぎや足首が細いために，脚を速く回転させることができていたようです。たとえば，バットの太い方をもって振れば，普通にもったときよりも，速くふれますよね？　それと同じです。

昔に比べて，現代のアスリートの体型は，競技ごとに特殊化してきているという見方があります。ボルト選手の体は，その**代表例**であったといえるでしょう。

なるほど……。
筋肉だけじゃなくて，腱や体型，走法，はては遺伝子まで，いろいろな要因が関係していて，それらの**奇跡的なバランス**が，あれほど感動的なパフォーマンスを生むんですね。

そうですね。
世界記録保持者の強さの秘密をお話ししたところで，私のお話は終わりです。
どうですか？　筋トレ，明日からやってみますか？

先生，今回基礎的な話から始まって，筋トレやストレッチの実践，アスリートの遺伝子まで幅広く筋肉のことがわかりました。

最初は，「割れた腹筋」とか「厚い胸板」とかに憧れていたんですよ。でも，実は筋肉は細胞でできていることや，まるで一つの"臓器"のように私たちの健康維持に深くつながっていることもわかりました。

筋肉はいくつになっても鍛えられるんですよね！

私も明日から，食事や生活に気をつけて，筋肉を大切にしようと思います。

先生，ありがとうございました！

索引

A～Z

ACE（エース）遺伝子多型
................278, 280
ACTN3遺伝子..............281
ADP（アデノシン二リン酸）
................................109
ATP（アデノシン三リン酸）
..........................94, 108
ATP合成酵素...............117
ATPの再合成...............110
ATP分解酵素...............109
IL-6（インターロイキン6）
................................139
mtDNA（ミトコンドリアDNA）
................................284
RICE処置.....................205
RM（レペティション・マキシマム）
..........................154, 156

あ

アキレス腱.................44, 46
アクチンフィラメント....91, 93
アポトーシス.................102
アルベルト・フォン・セント＝
ジェルジ...............124-125
アンドリュー・フィールディング・
ハクスリー............140-141
アームカール.................187
石井直方博士.................189
I型線維（遅筋線維）......96, 97
インナーマッスル..............41
インバーテッドローイング 183
羽状筋............................27
エクササイズ（Ex）..........148
エコノミークラス症候群....23
円回内筋.................73, 76

か

加圧トレーニング.... 157,159

回外 79,80

外側広筋 43,45,47

外側翼突筋 62,63

回転説 117

解糖系 110,112

回内 79,80

外腹斜筋 39,42

外肋間筋 30

隠れ肥満 20

片脚カーフレイズ 165

下腿三頭筋 44

肩こり 207

鎌状赤血球遺伝子 275

顔面表情筋 58,60

眼輪筋 58,60

拮抗筋 74,75

球関節 82,83

胸鎖乳突筋 66,67

共縮 226

筋芽細胞 89

筋原線維 90,91

筋サテライト細胞 99,100

筋線維 89

筋トレ 142

筋肉の記憶（マッスルメモリー）

.... 151

筋肥大 153

筋紡錘 103

屈筋 74,75

クランチ 173

クレアチンリン酸 110,112

腱紡錘 104

高強度運動 142

咬筋 62,63

後斜角筋 66,67

後頭筋 58

広背筋 62,63

口輪筋 58,60

骨格筋 17,19

ゴルジ腱器官 104

さ

サイドレイズ 179
細胞内共生説 116
サルコペニア（筋減弱症）
.... 133, 135
三角筋 28, 32
シックスパック 36
シットアップ 172
斜角筋 66, 67
柔軟性 219
小胸筋 34, 35
小殿筋 44, 53, 54
上腕 30

上腕筋 30, 73
上腕三頭筋 30, 32, 73
上腕二頭筋 30, 73
ショルダープレス 178
侵害受容器 104
心筋 17, 19
伸筋 74, 75
深指屈筋 71, 77
伸張性運動 199
伸張反応 224
随意筋 17
ストレッチ 218223
スマホ首 213

スロートレーニング

..................157,159,188

成長因子 101

静的ストレッチ........230,233

脊柱起立筋 31

舌骨筋(群) 59,66

前鋸筋......................30,35

浅指屈筋 76,77

前斜角筋 66,67

前頭筋........................58,60

総指伸筋 77,78

早発性(即発性)筋痛....... 196

僧帽筋................ 31,32,69

側頭筋................ 58,62,63

組織幹細胞 99

咀嚼筋................. 58,62,63

た

大胸筋.....................28,35

大腿四頭筋......43,45,47,48

大腿直筋 43,45,47

大腿二頭筋 43,46,51

大殿筋................. 44,53,54

多頭筋...................... 43

短縮性運動 199

遅発性筋痛 196

中間広筋 43,45,47

中斜角筋 66,67

中殿筋................. 44,53,54

長掌筋.....................76,77

蝶番関節 82,83

低強度運動 143

動的ストレッチ........230,233

頭半棘筋 68,69

頭板状筋 68,69

な

内側広筋 43,45,47

内側翼突筋 62,63

内腹斜筋 39,42

内肋間筋 30

Ⅱx型線維 131

Ⅱa型線維 131

Ⅱ型線維(速筋線維) 96,97

肉離れ..................... 203

ニーレイズ..................... 169

ネクローシス.................. 102

脳由来神経栄養因子(BDNF)

.... 137

は

ハムストリング 43,50,51

ハムストリングヒップリフト

.... 164

半腱様筋 43,46,51

半膜様筋 43,46,51

皮筋 59

腓腹筋.................. 44,46,56

ヒラメ筋 44,45,56

腹横筋...................... 40,42

腹直筋...................... 30,38

不随意筋 18

プッシュアップ........176,177

＋10(プラステン).......... 149

プルアップ 182

ブルガリアンスクワット.... 168

フレイル 135

プレコンディショニング ... 202

平滑筋...................... 17,19

平行筋(紡錘状筋) 27

ポール・ボイヤー............. 117

ま

マイカイオン 138

ミオシンフィラメント 91,93

ミオスタチン 105

ミトコンドリア 113,115

ミルキング・アクション 24

メッツ（METs） 146

や～わ

有酸素（酸化）系 110,112

吉田賢右博士 117

リバースプッシュアップ ... 186

ロシアンツイスト 174

腕橈骨筋 73,76

シリーズ第 **27** 弾!!

東京大学の先生伝授

文系のための
めっちゃやさしい

食と栄養

2023年2月上旬発売予定　A5判・304ページ　本体1650円（税込）

　おいしい食事は私たちを元気にしてくれますよね。食事にはたくさんの栄養素が含まれており，それらの栄養素が私たちの体をつくる材料や，エネルギー源となります。栄養素はそれぞれ体の中での役割がことなるので，健康を維持するためには，適切なバランスの栄養素をとることがとても重要だといえます。

　私たちの身のまわりには，食や栄養に関する情報があふれています。しかし，いったいどの情報が正しいものなのでしょうか。たとえば，コラーゲンを食べるとハリのある肌になるという宣伝を見たことがあるかもしれません。しかし食事からとったコラーゲンは，そのまま吸収されるわけではなく，一度バラバラに分解されます。つまり，コラーゲンがそのまま自分の皮膚の材料になるわけではないのです。

　本書では，栄養素の基本や，食に関する疑問，体が不調のときにとるべき食事について，生徒と先生の対話形式でやさしく解説しています。毎日の生活の中で役立つ知識が満載です。どうぞお楽しみに！

主な内容

栄養の基本
五大栄養素を正しく知ろう
理想的な栄養素の配分

食を楽しむ体のしくみ

栄養素をとりこむしくみ
おいしさを感じるしくみ

科学的に正しい！
理想的な食事法
健康と美容のための食事法
食事で病気を改善しよう

食と栄養の気になる話

「コラーゲン」は，食べても胃でばらばらになる
「コレステロール」って良いもの？ 悪いもの？

Staff

Editorial Management	木村直之
Editorial Staff	井上達彦，宮川万穂
Cover Design	田久保純子
Writer	岡崎宣彦，小林直樹

Illustration

表紙カバー	松井久美	88~93	羽田野乃花	195~205	松井久美
表紙	松井久美	95	松井久美	210	羽田野乃花
生徒と先生	松井久美	99~107	羽田野乃花	214~215	松井久美
4~10	松井久美	122-123	Newton Press	216	羽田野乃花
11	羽田野乃花	125~128	松井久美	218~219	松井久美
13~14	松井久美	129	羽田野乃花	221	羽田野乃花
18	羽田野乃花		松井久美	222	松井久美
19~56	松井久美	130	羽田野乃花	225	羽田野乃花
57	羽田野乃花	134	羽田野乃花	226	松井久美
60~63	松井久美	141~151	松井久美	231	佐藤蘭名
64	羽田野乃花	152	羽田野乃花	232~235	松井久美
65	Newton Press	161	松井久美	237~251	宮川愛理
67~69	松井久美	162~169	宮川愛理		松井久美
70~73	羽田野乃花	170	松井久美	252~253	松井久美
75~81	松井久美	172~183	宮川愛理	254	羽田野乃花
83	羽田野乃花	185	羽田野乃花	257~271	松井久美
	松井久美	186~187	宮川愛理	273~292	羽田野乃花
85	松井久美	188	松井久美	295~301	松井久美
86	Newton Press	190	羽田野乃花	302~303	羽田野乃花
87	松井久美	191~192	宮川愛理		

監修（敬称略）：
佐々木一茂（東京大学大学院准教授）

東京大学の先生伝授
文系のための めっちゃやさしい
筋 肉

2023年1月25日発行

発行人	高森康雄
編集人	木村直之
発行所	株式会社 ニュートンプレス　〒112-0012東京都文京区大塚3-11-6
	https://www.newtonpress.co.jp/

© Newton Press　2023　Printed in Japan
ISBN978-4-315-52657-8